Desejo de Eternidade

José Carlos Pereira

Desejo de Eternidade

Teoria do autoconhecimento

EDITORA
IDEIAS&
LETRAS

Preparação e Revisão

Maria Ferreira da Conceição
Thalita de Paula

Diagramação:

Airton Felix Silva Souza

Capa:

Marco Mancen

1ª impressão

EDITORA IDEIAS& LETRAS

Rua Barão de Itapetininga, 274
República - São Paulo/SP
Cep: 01042-000 – (11) 3862-4831
Televendas: 0800 777 6004
vendas@ideiaseletras.com.br
www.ideiaseletras.com.br

Dados Internacionais de Catalogação na Publicação (CIP) de acordo com o ISBD

P436d Pereira, José Carlos

Desejo de eternidade: teoria do autoconhecimento / José Carlos Pereira. - São Paulo : Ideias & Letras, 2021.
176 p. ; 14cm x 21cm.

Inclui bibliografia.
ISBN 978-65-87295-06-0

1. Autoajuda 2. Autoconhecimento I. Título.

2021-506 CDD 158.1
CDU 159.947

Elaborado por Vagner Rodolfo da Silva - CRB-8/9410

Índices para catálogo sistemático:
1. Autoajuda 158.1
2. Ética 159.947

"Um dia, alguém passa, convive com você, deixa em você a marca-de-seu-ser, imprime na memória um certo tom de voz, uma cor de olhos, uma frase dita ao acaso, uma lembrança de um dia... e vai embora. Às vezes nem a internet o encontra mais."

Carlos Rodrigues Brandão,
Encantar o mundo pela palavra, p.12.

Sumário

Introdução

Este livro não é um tratado sobre religiões, teologia ou espiritualidade. Também não chega a ser um ensaio de filosofia. É o esboço de uma reflexão geral sobre temas filosóficos, essenciais para a vida, que classificamos como *teoria do autoconhecimento.* São proposições que contribuem para a formação de uma cultura de paz. É um livro que agrega sentenças universais que fazem parte da formação cultural da maioria dos povos civilizados que, quando colocadas em prática, contribuem para melhorar a qualidade de vida, tanto do indivíduo quanto da coletividade. Podemos dizer que são *regras de ouro* para o bem-viver e, assim, construir um mundo melhor, um mundo de paz. Porém, para que esse mundo aconteça, é preciso que cada um se conheça melhor, saiba seus limites, suas possibilidades, seus valores, suas riquezas internas. Onde encontrar esses elementos primordiais se não for no íntimo de cada um de nós? Indivíduos que buscam viver em harmonia com seu meio, respeitando o seu próximo, sem privarem-se de sua liberdade, são pessoas que promovem uma cultura de paz.

A liberdade, como sugere Edgar Morin (2003, p. 279), é a possibilidade de escolha, e a mesma pode ser interior ou exterior, isto é, subjetiva ou objetiva. Morin fala da liberdade da mente, nascedouro da sabedoria. A sabedoria, um dos temas sobressalentes deste livro, está na busca de viver bem, sem prejudicar o meio em que vivemos nem os outros. Sabedoria para fazer escolhas tanto objetivas, pessoais, quanto subjetivas, do grupo e da sociedade, porém, ambas como liberdade de ação, como buscas que partem do indivíduo para o grupo, do particular para o geral, sem negligenciar os valores comuns a todos. A busca pelo sucesso, pela superação das dificuldades, além do enfrentamento da solidão, da convivência em grupo, do bem-estar, da felicidade, da espiritualidade, da velhice e da morte, enfim, da paz. Todos esses assuntos são, na verdade, temas existenciais geradores tanto de alegrias quanto de tristezas, de angústias ou de esperanças, enfim, de sentimentos que a maioria das pessoas enfrenta no dia a dia e que aqui são abordados num estilo inteligível, sem chegar a ser uma filosofia existencialista, no sentido *sartreano* do termo, embora Sartre e outros filósofos existencialistas tenham oferecido importantes ferramentas para a reflexão acerca dos mesmos.

Portanto, o objetivo deste livro é levar o leitor a refletir sobre temas pertinentes à sua existência, cuja motivação primordial é o desejo de eternidade que reside em todo ser humano. Eternidade não no sentido de imortalidade, o grande anseio do ser humano, mas no fato de ser percebido, valorizado, reconhecido, enfim, deixar algo ou alguma contribuição que faça a diferença e que, com isso, a vida não seja passada em brancas nuvens, morrendo como se nunca tivesse vivido. O medo da morte é, muitas vezes, o medo de ainda não termos vivido o suficiente para deixar alguma contribuição, alguma semente que dê significado e continuidade à nossa existência. Mesmo quando desnorteados ou até mesmo deprimidos diante do sofrimento, da tristeza e do mistério da morte, rejeitamos a ideia de que a vida chegou ao fim. À vista disso, esforçarei-me para tratar desses assuntos sem usar de recursos sofisticados da linguagem filosófica, porém, sem banalizar temas tão complexos e caros ao ser humano. Quero esclarecer, primeiramente, que a ideia de reunir esses assuntos e tratá-los numa sequência cronológica, a começar pela primeira etapa da vida, o nascimento, até a última, a morte, surgiu da lida diária com essas questões, ouvindo confissões repletas de angústias existenciais, oriundas de preocupações com problemas que surgem do fato de não se saber lidar com a própria vida e sua conjuntura. Desde o nascimento até a morte, os dois extremos do processo existencial, há um percurso permeado por *circunstâncias* que fazem da vida o que de fato ela significa para cada um. São essas conjunções que aqui tratamos, buscando responder ou, ao menos, oferecer recursos para lidar com elas e tornar a vida mais satisfatória.

Na minha experiência de atendimento pessoal, pude descobrir que a solução para a maioria dos problemas pelos quais passam as pessoas está dentro delas mesmas, basta detectá-los e acreditar que é possível vencê-los. Foi pensando nisso que resolvi escrever este pequeno livro, com alguns princípios fundamentais para vencer o sofrimento e viver a vida naquilo que ela tem de melhor. Para isso, sugerimos a reflexão sobre alguns pontos fundamentais, os quais apontamos no seguimento destes escritos. Seguindo tais sugestões, veremos que não há problema que não tenha solução, basta um pouco de atenção interior. Descobriremos que para vencer o sofrimento, seja ele qual for, real ou simbólico, é preciso, antes, detectar e combater as suas causas. Mas, como saber quais são as causas dos nossos sofrimentos? A resposta para essa pergunta você encontrará nas páginas seguintes. Leia-as com calma. Medite em cada enunciado e, se o mesmo for uma pergunta, transforme-a em desdobramentos, de modo que se torne outros questionamentos.

Não tenha medo de procurar respostas, mas, sobretudo, não tenha medo de fazer perguntas. Não esqueça de que perguntar é mais importante do que responder, porque cada pergunta já traz implícita uma resposta.

Todas as máximas que aqui apontamos, são, na verdade, fragmentos de *filosofias de vida*, isto é, axiomas que, quando colocados em prática, transformam a vida. O que nos falta, muitas vezes, é um indicador de caminhos, algo ou alguém que nos oriente como agir diante dessa ou daquela dificuldade. Um dos objetivos que aqui propomos é apontar caminhos que levem ao interior de cada um e, no decurso do mesmo, descobrir as belezas que estão ocultas pelas coisas, muitas vezes banais, que obscurecem os valores transcendentais que todo ser humano traz dentro de si, tornando a vida triste ou sem sentido. Um outro objetivo é resgatar filosofias milenares, muitas delas conhecidíssimas, como algumas que estão presentes nos textos sagrados, mas que se desgastaram, seja pelo uso excessivo ou inadequado, ou mesmo pelo desconhecimento das mesmas. Nesse caso, a ideia é dar-lhes um novo alento, mostrando como elas são úteis para a nossa vida e podem ser vistas de diversos ângulos, com distintas facetas. Nelas podemos encontrar as respostas para muitos de nossos sofrimentos e angústias. Há também apontamentos de ditos populares, sabedoria implícita dos provérbios que a prática comprovou sua eficácia e que, por isso, se perpetuaram ao longo da história. Desse modo, nem sempre foi possível descobrir e apontar a autoria de tais pensamentos, que, pelo tempo, tornaram-se de domínio público. Quando possível, indicamos o autor do pensamento que estamos aplicando na composição desse quadro de reflexões, cujas obras se encontram registradas na bibliografia final deste livro.

Portanto, faça deste livro um roteiro de viagem. Uma viagem em busca do seu eu corajoso, forte, valente, capaz de vencer todas as dificuldades e ser feliz, cultivando a paz. Basta dar o primeiro passo e dizer confiante: eu quero, eu posso, eu faço! A única pessoa que poderá colocar limites em sua vida é você mesma, portanto, vá à luta, construindo, a partir de pequenos feitos, uma vida marcada por grandes realizações. Para encorajá-los nessa busca, quero lembrá-los de que uma sinfonia é feita da soma de pequenas notas musicais. Um livro é escrito a partir da junção de palavras que, pouco a pouco, vão preenchendo páginas, capítulos e se transformando em obras importantíssimas. Uma casa, por mais bela que seja, só é possível de ser feita através do assentamento individual de tijolos. A perseverança e a insistência do construtor serão recompensadas pelo acabamento de sua obra. O oceano não existiria se não fosse a soma das pequenas gotas de seus afluentes, rios invisíveis que deságuam nas suas grandes águas. São os grãos, um a um, que formam a espiga, e as espigas, quando somadas, transformam-se em abundante colheita. Assim acontece também com os gestos de amor. Se o indivíduo disser "não é um gesto de amor que pode salvar a humanidade", jamais haverá justiça, paz, dignidade e felicidade na Terra. Assim como a sinfonia precisa de cada nota, como o livro precisa de cada palavra, a casa precisa de cada tijolo, o oceano precisa de cada gota d'água, a colheita precisa de cada grão, a humanidade precisa de você e você precisa dos seus pequenos gestos para realizar as grandes ações. Construa uma cultura de paz a partir da soma de seus pequenos e preciosos atos de amor e solidariedade consigo mesmo e com os outros. É a isso que este livro se propõe.

1. A um passo da eternidade

A um passo da eternidade é o nome de um filme de Fred Zinnermann, de 1953, cuja trama se desencadeia a partir do cruel ataque a Pearl Harbor pelos japoneses, em que a vida de todos os personagens é alterada por esse trágico acontecimento. Às vezes, é preciso que algo terrível ou marcante aconteça para refletirmos sobre a vida e fazermos mudanças necessárias, que poderíamos ter feito antes se tivéssemos refletido mais sobre ela. A maioria das pessoas só decide mudar os rumos de sua vida e de suas ações depois de passar por um grande sofrimento. Com base nesse sugestivo título, inicio a reflexão acerca do que se propõe este livro: o desejo de eternidade que cada ser carrega dentro de si e que se manifesta através de suas ações, sejam elas boas ou más. Em primeiro lugar, tudo o que fazemos é uma maneira de dizer *eu estou aqui, eu existo*. Em segundo, tudo o que fazemos é um pedido, um apelo ou clamor para não sermos esquecidos.

Partindo do princípio sociológico de que todo ser humano é bom, mas a sociedade o corrompe, damos destaque àqueles elementos que são considerados bons e que a maioria das pessoas, por mais corrompida que esteja, ainda carrega dentro de si. Dois deles são os desejos de *paz* e de *alegria*. Todos queremos ter paz e sermos felizes, por mais que os métodos e estratégias que empregamos deponham contra elas ou por mais que esses dois conceitos estejam conformados com a nossa *visão de mundo* e das coisas. Quando me refiro à visão de mundo, refiro-me, de acordo com Clifford Geertz (1989, p. 93), aos aspectos cognitivos, existenciais de cada ser humano. Há, no íntimo de cada um de nós, de acordo com nosso *ethos*, isto é, conforme os aspectos morais e estéticos de nossa cultura, os nossos conhecimentos, a confiança de que a paz é portadora da alegria e a alegria é o fim último do homem, segundo alguns filósofos. Os elementos valorativos, que adquirimos no meio em que vivemos, fazem-nos ver a realidade sob ângulos distintos e, à vista disso, temos também métodos ou formas distintas de buscar aquilo que acreditamos como ideais. Uns crêem que a paz só é possível por meio de guerras e revoluções, como propõe o *Manifesto do partido comunista*, de Karl Marx e Friedrich Engels (1999, p. 66), enquanto outros, como Mahatma Gandhi, usam o método da não violência para promover a paz. Ambas as situações ou estratégias, cada uma à sua maneira, almejam a paz e um mundo de justiça. O manifesto comunista afirma que a justiça e a paz só serão realidade quando a burguesia for destituída do poder e seu lugar for tomado pelo proletariado, ou seja, enquanto os ricos industriais estiverem no poder, subjugando os operários, a paz, a justiça e a alegria serão apenas utopias. Dessa forma, é convocada a união dos proletários, trabalhadores assalariados, para que, através da revolução, combatam as condições sociais e políticas injustas. O manifesto declara abertamente que seus objetivos só podem ser alcançados com a derrubada violenta de toda a ordem social até aqui existente e que o proletário nada tem a perder a não ser suas amarras. Já Gandhi, em sua luta não violenta, dizia que não tinha medo de ninguém sobre a Terra, que temia apenas Deus. Dizia também que não tinha má vontade para com ninguém e que não aceitaria injustiças. Que venceria a mentira pela verdade, e que, em sua resistência à mentira, aceitaria qualquer tipo de sofrimento. Atravessou incólume um período turbulento da Índia e deixou um legado de paz que ainda hoje inspira muita gente. Gandhi se eternizou no inconsciente coletivo como um ícone da paz.

Desse modo, vemos que a busca pela paz e pela felicidade é um tema discutível e a melhor forma de atingir esse objetivo ainda não é consenso. À vista disso, a UNESCO lançou o desafio para a promoção de uma cultura de paz, cuja questão trazemos à tona para embasar a reflexão sobre a temática deste livro. Só que a abordamos de forma diferente daquela que comumente se aborda, ou seja, a maioria das abordagens sobre a cultura de paz se faz a partir do social ou, como quer Durkheim (2003, p. 1), a partir dos fatos sociais, como, por exemplo, os fenômenos que se dão no interior da sociedade e que, com certa generalidade, apresentam algum interesse social. Aqui, nós partimos do indivíduo, de suas ações particulares, de suas angústias e anseios, para depois atingirmos o social. Entendemos que o social se forma a partir da soma de indivíduos, e, ao tratar dos problemas do indivíduo, atingimos, indiretamente, o social. Desse modo, são as ações particulares, isoladas, que formam a realidade social. Durkheim afirma que "dessa maneira, não há, por assim dizer, acontecimentos humanos que não possam ser chamados de sociais. Todo indivíduo come, bebe, dorme, raciocina, e a sociedade tem todo interesse em que essas funções se exerçam regularmente" (DURKHEIM, 2003, p. 1). Quando isso não acontece, o social sofre a ação desse indivíduo, cujo problema não foi resolvido. Se o indivíduo pratica atos bons, a sociedade será uma sociedade boa, porém, se o indivíduo não tiver princípios bons, não se pode esperar que a sociedade seja boa.

Segundo a UNESCO, a cultura de paz é a paz em ação, ou seja, a ação do indivíduo é que vai promover a paz. Toda ação nasce da educação, da forma como se lida com o próximo e com o meio em que vivemos. É o respeito aos direitos humanos no dia a dia. É um poder gerado pelo compromisso interativo que promove o desenvolvimento da democracia e de outros elementos que possibilitem a paz. A cultura de paz, enquanto cultura de vida, trata-se de tornar diferentes indivíduos capazes de viver juntos, de criar um novo sentido de compartilhar, ouvir e zelar uns pelos outros, e de assumir responsabilidade por sua participação numa sociedade democrática que luta contra a pobreza e a exclusão, ao mesmo tempo em que garante igualdade política, equidade social e diversidade cultural. O documento afirma ainda que o objetivo da cultura de paz é de assegurar a transição da cultura de guerra, de violência, de imposição e de discriminação à cultura da não violência, do diálogo, da tolerância e da solidariedade. Indivíduos, instituições e Estados já estão tomando parte nesse movimento.

De acordo com a UNESCO, um grande número de parceiros já empreendeu importantes projetos que visam construir a paz. Para que haja uma cultura de não violência e respeito à vida é preciso que haja, antes, a conscientização acerca de valores que estão dentro de cada indivíduo. As pessoas precisam aprender a valorizar sua própria vida, a se amar, para poder valorizar e amar o outro.

O Comitê Paulista para a Década de Cultura de Paz (2001-2010) afirma: os jovens deveriam aprender, já em seus lares e na escola, que a violência não deve ser um meio de resolver as diferenças com os outros. Só então poderá ser criada uma cultura de não violência. Todas as pessoas têm direito à vida, à integridade corporal e ao desenvolvimento da personalidade, enquanto não ofenderem os direitos dos outros.

É claro que onde quer que existam humanos haverá conflitos. Estes, entretanto, devem ser resolvidos sem violência. Isso é verdade tanto para Estados como para indivíduos, pois os detentores de poder político devem sempre se comprometer primeiramente com as soluções não violentas, no contexto de uma ordem internacional pacífica. E esta também tem necessidade de proteção e defesa contra os perpetuadores da violência. O armamentismo é um caminho equivocado, o desarmamento é a ordem do dia. Não haverá sobrevivência para a humanidade sem a paz.

É preciso, portanto, que haja uma alteração na consciência do indivíduo para que a sociedade seja mudada. É preciso uma mudança interior, de mente e de coração para que a paz e a alegria se tornem realidade. Só assim estaremos, de fato, progredindo na vida, porque progredir é agir com sabedoria e agir com sabedoria significa agir de modo que nosso ato não prejudique os nossos semelhantes nem o meio em que vivemos.

A eternidade, como sinônimo de preservação do planeta Terra, só será possível se as medidas em prol da vida forem tomadas agora, a partir da ação de cada indivíduo. Não necessitamos de muita coisa, apenas de conscientização sobre os problemas que mais afetam o meio ambiente e do que podemos fazer para mudar. São os nossos pequenos gestos que nos têm colocado a um passo dessa eternidade que significa a preservação da vida e do planeta para as futuras gerações.

2. Indicações para progredir com sabedoria

"Aproveite bem as pequenas coisas;
algum dia você vai saber que elas eram grandes."

Robert Brault

A vida é um processo de aprendizagem. Desde que nascemos até o último dia de nossa existência aprendemos algo, seja pelas circunstâncias ou pelo uso da razão. Essa última é a que mais nos distingue dos demais animais. O aprendizado não acontece sem que tenhamos esforços, seja através de treino, técnica ou mesmo dos obstáculos que, naturalmente, a vida oferece. Mesmo entre os animais a aprendizagem exige esforços. É só observar os pássaros quando estão crescendo. Até aprenderem a voar com desenvoltura há inúmeras tentativas e fracassos. Tem que haver esforço e dedicação, insistir mesmo diante dos erros, até que o corpo e a mente assimilem o que se busca. Os pássaros nunca atingirão as alturas se não persistirem nas tentativas frustradas de voo.

Assim é também conosco, seres dependentes e vulneráveis. É preciso muito empenho para crescer e aprendermos as estratégias da arte de viver com sabedoria. Só conquistaremos um espaço de respeitabilidade na sociedade se antes houver esforço e empenho.

Como sugeriu Henry Ford: "um cuidadoso exame de todas as nossas experiências passadas pode nos revelar o fato surpreendente de que tudo o que nos aconteceu foi para o nosso bem" (DANTAS, 1977, p. 28). E mais ainda, tudo o que acontece na nossa vida nos dá algum tipo de experiência ou desenvolve alguma qualidade em nosso caráter que estava escondido ou faltando.

Crescer é doloroso e exige grandes empenhos. É como a cana que, para chegar a ser açúcar, precisa passar por momentos de grandes apertos. Ou o ouro, que, para chegar à condição pura tem que passar pelo crisol. Ou, ainda, a ostra, que, para produzir a pérola precisa ser incomodada por um grão de areia que entra em sua concha, e ela, para se proteger da dor provocada pelo mesmo, o envolve com uma camada lisa que se transforma na valiosa pérola. Assim é o processo de crescimento. Há grandes sofrimentos, às vezes necessários porque são provocativos, porém, as alegrias das conquistas compensam a dor da busca.

Os resultados dos empreendimentos para combater aquilo que nos incomoda fazem a diferença na nossa vida. Quem nunca sofreu tem uma vida medíocre. Portanto, insista, mesmo que haja sofrimento. As roseiras sofrem quando são podadas, mas depois se revigoram e dão lindas flores. Não se desespere nas adversidades, elas são, frequentemente, um processo de transição necessário para obtermos conquistas. Cada obstáculo vencido já é uma vitória. Muitos devem a grandeza de suas conquistas aos problemas e obstáculos que tiveram que vencer para atingi-la. É isso que acontece com toda a natureza. A estação do inverno, fria, dolorosa, é necessária para que a planta chegue à primavera com maior resistência, florindo e produzindo frutos de acordo com a intensidade do inverno. Embora a morte seja inevitável, para realizar grandes coisas na vida é preciso, antes, viver como se nunca tivéssemos que morrer. Os sonhos, quando sonhados juntos, não morrem conosco.

Somos como a parábola da "Águia e a galinha" (BOFF, 1997, p. 35). Esta parábola evoca dimensões profundas do espírito, indispensáveis para o processo de realização humana: o sentimento de autoestima, a capacidade de dar a volta por cima nas dificuldades quase insuperáveis. Cada pessoa tem dentro de si uma águia. Ela quer nascer. Sente o chamado das alturas. Busca o sol. Uma águia tem dentro de si o chamado do infinito. Seu coração sente os picos mais altos das montanhas. Por mais que seja submetida a condições de escravidão, ela nunca deixará de ouvir sua própria natureza de águia que a convoca para as alturas sublimes.

As pessoas que alçam voo sublime são as que se recusam a acomodar-se e desejar que as coisas mudem sem a sua participação. Tais pessoas não reclamam sua sorte e tampouco sonham, passivamente, com algum navio longínquo que vai chegando para levá-las para bem longe dos problemas. Em vez disso, visualizam em suas mentes que não são desistentes; não permitirão que as circunstâncias da vida as empurrem lá para baixo e as mantenham subjugadas como galinhas. Pelo contrário, fazem como a ostra, transformando os obstáculos e sofrimentos em preciosas pérolas. Voe e vença, ocupe o lugar que é seu no alto do penhasco. Se não puder voar, construa a sua pérola.

Esses são os fatores primordiais da vida e a sobrevivência de qualquer ser vivo depende da sua capacidade de superação. Grandes pensadores já haviam feito essa constatação, como, por exemplo, Charles Darwin (2000, p. 31), ao pesquisar sobre a origem das espécies. Ele descobriu que sobrevivem por mais tempo aqueles que desenvolvem maiores capacidades de superação das adversidades, dos obstáculos, e que aprendem a lidar com os seus concorrentes e predadores.

De certa forma, a vida nos ensina, com seus tropeços e percalços, as artimanhas para superá-los, mas isso não é tudo. É necessário ir além dos recursos naturais que a vida nos oferece, e é por isso que nascemos dotados do uso da razão, da inteligência. Um mecanismo que nos coloca num patamar superior ao dos animais, embora, ao nascer, sejamos um dos seres mais frágeis e debilitados da Terra, cuja capacidade de raciocinar seja tão pequena quanto nosso tamanho físico e a nossa dependência dos adultos seja maior que a de qualquer outro animal.

À medida que vamos crescendo, cresce também nossa capacidade de pensar, e essa capacidade nunca para. Num dado momento da vida, paramos de crescer fisicamente, mas nossa inteligência continua se aperfeiçoando, evoluindo de acordo com nossos esforços e nossa busca por aperfeiçoamento. A cada dia que passa, ficamos mais inteligentes e o mundo e as coisas à nossa volta vão tendo outros significados. Aquilo que era o máximo na infância perde o sentido na adolescência, e aquilo que era espetacular na adolescência se torna ridículo na juventude. Aquilo que era agradável e prazeroso na juventude fica sem sentido na idade adulta, e aquelas conquistas e projetos realizados na idade adulta, objetivos a serem alcançados nesta fase da vida, tornam-se pequenos e efêmeros na velhice.

Vivemos em ciclos e cada um desses ciclos tem, em seu tempo, a sua beleza. O ocaso de todos esses ciclos é a síntese de todo encanto e desencantos vividos. Na vida, como no decurso do dia, o fascínio do crepúsculo depende da beleza do alvorecer e das conquistas do meio-dia. Jean-Jaques Rousseau e Robert Frost tiveram sentimentos semelhantes quando compararam o corpo a uma tarde de outono. Ambos perceberam que o auge da vida é como o entardecer desta estação, bela, porém, preparando-se para a noite e o inverno. Crescer é atingir essa beleza indescritível da vida, só captada por meio de metáforas.

Mas, para isso, é preciso desenvolver nossas capacidades, nosso potencial, enfim, descobrir e aproveitar nossos dons para fazer da vida, a cada momento, a cada etapa ou ciclo, uma oportunidade de crescimento, como as manhãs de outono. Porém, para crescer verdadeiramente é preciso reconhecer que temos muito que aprender. É preciso ter a humildade de reconhecer as coisas que não sabemos e nos colocarmos diante dos que sabem como eternos aprendizes, para que aprendamos o não sabido e, assim, nos tornemos mais sábios.

Sabedoria é, depois de anos de estudos, chegarmos à sábia conclusão de Sócrates: *só sei que nada sei*! Quando chegarmos a essa conclusão, podemos dizer que aprendemos uma das mais importantes lições da vida: aquela que nos fará curvar diante do mistério, do desconhecido, daquilo que, por não sabermos, está além de nós, porém nos incita a buscá-lo insistentemente, com infindas tentativas.

Se a beleza da vida, no seu processo de crescimento, só pode ser expressa por meio de metáforas, o entendimento do processo de conhecimento fica mais explícito se exposto através de parábolas. É isso que faremos a seguir, usando uma parábola que expõe muito bem esse processo doloroso de crescimento que estamos refletindo e nos ensina a lidar melhor com os percalços da vida, confiando mais e tendo mais segurança. Essa fábula usa como metáfora a figura de uma planta imponente, que cresce verticalmente, mas que a natureza, com suas tempestades ocasionais, faz curvar até o chão se não quiser ser despedaçada pelo vento, ou, então, deve deixar-se podar para poder se multiplicar e gerar mais vida.

Assim diz a fábula sobre do bambu amado:

Era uma vez um maravilhoso jardim, situado bem no centro de um campo. O dono costumava passear pelo mesmo, ao sol do meio-dia. Uma esbelta touceira de bambu era para ele a mais bela e estimada de todas as árvores existentes no jardim. Este bambu crescia e tornava-se cada vez mais lindo. Ele sabia que o seu senhor o amava e que ele era a sua alegria. Um dia, o senhor, pensativo, aproximou-se de seu amado bambu. Num sentimento de profunda veneração, o bambu inclinou sua cabeça imponente. O senhor disse:

— Querido bambu, preciso de ti.

O bambu estava feliz, e parecia ter chegado a grande hora de sua vida: o seu dono precisava dele e ele iria servi-lo. Com voz grave o dono disse:

— Bambu, só poderei usar-te se eu te podar.

O bambu respondeu:

— Podar? Podar a mim, senhor? Por favor, não faças isso! Deixa a minha bela figura. Tu vês como todos me admiram!

— Meu amado bambu – a voz do senhor tornou-se ainda mais grave – não importa que te admirem ou não, se eu não te podar, não poderei usar-te.

No jardim tudo ficou silencioso. O vento segurou a respiração. Finalmente, o lindo bambu se inclinou e sussurrou:

— Senhor, se não me podes usar sem podar, então faze comigo o que queres.

E o dono respondeu:

— Meu querido bambu, devo também cortar tuas folhas.

O sol escondeu-se atrás das nuvens. As borboletas afastaram-se assustadas. O bambu, trêmulo, à meia-voz, disse:

— Senhor, corta-as.

Disse o senhor novamente:

— Ainda não basta, meu querido bambu, devo também cortar-te pelo meio e tomar-te também o coração. Se não faço isso, não poderei usar-te.

— Por favor, senhor – disse o bambu – eu não poderei viver. Como viverei sem o meu coração?

— Devo tirar-te o coração, caso contrário, não poderei usar-te, respondeu o senhor.

Houve um profundo silêncio. Alguns soluços abafados. Depois o bambu inclinou-se até o chão e disse:

— Senhor! Poda, corta, divide, toma por inteiro, reparte.

O senhor desfolhou, decepou, repartiu. O senhor tirou-lhe o coração. Depois o levou para o meio de um campo ressequido, a uma fonte que brotava água fresca. Lá o senhor deitou cuidadosamente o seu querido bambu no chão. Ligou uma das extremidades do tronco decepado à fonte, e a outra, ele levou até o campo.

A fonte cantou boas-vindas ao bambu decepado. As águas cristalinas se precipitaram alegres pelo corpo decepado do bambu, correram sobre os campos ressequidos que por elas tanto haviam suplicado.

Ali se plantou trigo, arroz, feijão, milho. Os dias passaram. A semente brotou, cresceu. Tudo ficou verde. Veio o tempo da colheita, assim, o tão maravilhoso bambu de outrora, em seu despojamento, aniquilamento e humildade, transformou-se numa grande bênção para toda aquela região. Quando ele era grande e belo, crescia somente para si e se alegrava com sua própria beleza. No despojar-se, ele se tornou canal do qual o senhor se serviu para tornar a terra fecunda. Assim, muitos homens e mulheres encontraram vida e viveram deste tronco de um bambu podado, cortado, decepado, partido (adaptado de PEREIRA, 2004, p. 22).

O processo de crescimento exige podas, cortes dolorosos, porém, é a única forma de crescermos verdadeiramente e produzirmos frutos. Aqueles que nunca se deixaram podar crescem fisicamente para si mesmos, não servindo para nada, semelhante à parábola bíblica da *figueira estéril*. Diz o texto que "um homem tinha uma figueira plantada em seu sítio. Veio procurar figos dessa figueira, e não achou. Disse, então, ao agricultor: 'Já faz três anos que venho procurando figos desta figueira, e não acho; corta-a! Para que ocupa ainda inutilmente a terra?'. Ele, porém, respondeu: 'Senhor, deixa-a ainda por este ano, para que eu cave ao redor e ponha adubo. Talvez ela dê fruto; se não der, mandarás cortá-la depois'" (Lc. 13: 6-9).

Fomos plantados nesse mundo. Constantemente somos cuidados, regados, e, às vezes, para o nosso bem, podados. Porém, nem sempre respondemos como deveríamos aos cuidados que recebemos. Permanecemos estéreis e improdutivos. Será que o mundo tem encontrado alguma coisa de bom em nós, em nossas ações? Temos que tomar cuidado, porque, quando menos esperarmos, a natureza, cansada de aguardar nossos frutos, poderá pedir contas das nossas ações. Isso talvez ainda não tenha ocorrido pela sua compaixão diante da exuberância de nossa vida, porém, as chances podem terminar. Enquanto a erradicação não ocorre, ela continua, de diferentes modos, cuidando de nós com carinho, cavando à nossa volta e colocando o adubo da alegria, da esperança, da paz. Será que, se continuarmos "estéreis" nos nossos atos, ela não vai se cansar de tantas tentativas? Pense nisso! Cada dia da vida é como se fosse mais uma chance dada para produzirmos bons frutos. Se chegarmos à idade adulta sem termos produzido nada de bom, não merecemos, como a figueira estéril, ficar *inutilizando a terra*. Sábio é o provérbio que diz "*quem não vive para servir, não serve para viver*".

Há uma outra lição, a do bambu chinês, que tem muito a nos ensinar em nosso processo de crescimento. Diz essa parábola que, depois de plantada a semente deste incrível arbusto, não se vê nada. Durante cinco anos, todo o crescimento é subterrâneo, invisível a olho nu, mas uma maciça e fibrosa estrutura de raiz, que se estende vertical e horizontalmente pela terra, está sendo construída.

Um escritor americano escreveu: *Muitas coisas na vida pessoal e profissional são iguais ao bambu chinês*: você trabalha, investe tempo, esforço, faz tudo o que pode para nutrir seu crescimento, e, às vezes, não vê nada por semanas, meses ou anos. Mas, se tiver paciência para continuar trabalhando, persistindo e nutrindo, o seu quinto ano chegará, e, com ele, virão crescimento e mudanças que você jamais esperava. O bambu chinês nos ensina que não devemos facilmente desistir de nossos projetos, de nossos sonhos, especialmente no nosso trabalho (que é sempre um grande projeto em nossas vidas). Devemos nos lembrar do bambu chinês para não desistirmos facilmente durante o tempo de invisibilidade ou diante das dificuldades que surgirão durante nosso crescimento. Tenha sempre dois hábitos: persistência e paciência e acredite que você merece alcançar seus sonhos! É preciso muita fibra para chegar às alturas e, ao mesmo tempo, muita flexibilidade para se curvar ao chão.

É preciso muita perseverança para suportar o tempo de invisibilidade e descrédito, porém, se esse tempo invisível tiver sido, como as raízes do bambu chinês, tempo de crescimento oculto, você verá, um dia, o sucesso e a glória. Como diz Beto Guedes numa bela canção: "A abelha fazendo mel vale o tempo que não voou". Saiba esperar, de forma ativa, aproveitando cada momento para seu crescimento pessoal, porque, nessa vida, há um tempo para cada coisa, como diz o livro do *Eclesiastes*. "Tudo tem seu tempo, há um momento oportuno para cada empreendimento. Tempo de nascer, e tempo de morrer; tempo de plantar, e tempo de colher a planta. Tempo de matar, e tempo de sarar; tempo de destruir, e tempo de construir. Tempo de chorar, e tempo de rir; tempo de gemer, e tempo de dançar. Tempo de atirar pedras, e tempo de ajuntá-las; tempo de abraçar, e tempo de se separar. Tempo de buscar, e tempo de perder; tempo de guardar, e tempo de jogar fora. Tempo de rasgar, e tempo de costurar; tempo de calar, e tempo de falar. Tempo de amar, e tempo de odiar; tempo de guerra, e tempo de paz" (Ecl. 3: 1-8). Assim, sabendo fazer a hora, as coisas se realizam em seu tempo certo. Basta que essa espera seja construtiva, como diz a canção de Geraldo Vandré: "Quem sabe faz a hora não espera acontecer". Esse é o caminho para crescer com sabedoria.

Tal crescimento exige de nós que falemos menos e escutemos mais. Que possamos sempre procurar ler bons livros, imitar boas ações, cultivar o otimismo, desejar o bem a todos e nos alegrar com o êxito dos outros. Dar sempre o melhor de nós e evitar os excessos. Não devemos dar tanta importância aos sofrimentos e adversidades. Quando eles vêm, não se deixe arrastar pelas situações. Procure tirar o melhor proveito delas, olhando sempre para frente com firme e sincero desejo de melhores dias e prósperas condições, porque as adversidades aparecem na nossa vida e nos ensinam a tolerância, a simpatia, o autocontrole, a perseverança e, sobretudo, a resistência. Sem as adversidades, não adquirimos força para resistir e vencer os desafios da vida.

Quanto à educação dos filhos, para que cresçam com sabedoria, é preciso tomar algumas atitudes bem cedo, como, por exemplo, não dar tudo que eles querem, porque se você fizer todos os gostos de seus filhos, oferecendo tudo que eles querem, quando crescerem acreditarão que o mundo tem obrigação de lhes dar tudo o que desejam. Desse modo, nunca ache graça quando seus filhos disserem nomes feios, fizerem coisas erradas, porque isso os levará a repetir essas ações ao longo da vida, achando que todos aprovarão suas atitudes indecentes.

Na infância, é importante dar orientação religiosa aos filhos. Portanto, não espere que eles cresçam para decidir o que escolher. As orientações religiosas na infância ajudam a formar os valores éticos e morais que nortearão comportamentos sociais imprescindíveis para a convivência. Mesmo que depois eles não sigam nenhuma religião, o que eles aprenderam quando crianças ficará para sempre. Quem cresce sem noções religiosas dificilmente vai adquiri-las mais tarde.

Outro conselho importante para que os filhos cresçam com sabedoria é não recolher tudo o que eles deixam jogado: livros, sapatos, roupas, brinquedos, etc. Se você fizer isso, estará ensinando-os a jogar sobre os outros todas as suas responsabilidades. Portanto, ensine-os a recolher o que jogaram, a limpar o que sujaram, a desligar o que ligaram, a fechar o que abriram... Evite discussões diante dos filhos, porque isso poderá torná-los impacientes e mal-educados com os outros.

Não lhes dê todo o dinheiro que eles quiserem, mas ensine-os que dinheiro custa para ser ganhado, assim eles vão adquirir responsabilidades e saber valorizar o que ganham. Evite satisfazê-los em todos os seus desejos, seja de comida, bebida e conforto. Saiba dosar o que pode e o que não pode, deixando sempre algo a realizar, para que não pensem que tudo é muito fácil.

Enfim, procure educá-los com sabedoria e responsabilidade para que mais tarde não tenham uma vida de desgosto. Esses conselhos foram adaptados das orientações dadas pela polícia de Houston para que os pais não criem delinquentes, achando que estão lhes fazendo o bem. Desse modo, progredimos com sabedoria e vamos, aos poucos, moldando-nos às necessidades da vida e transformando as dificuldades em resistências que nos beneficiarão em todo tempo.

Por fim, para progredir com sabedoria, é preciso amar a justiça, principalmente se tivermos a função de administrar ou governar alguma situação. Sabedoria é ter um coração amigo, sem deixar de denunciar as injustiças. Crescem em sabedoria aqueles que sabem ouvir os mais velhos e aprendem o que de bom eles adquiriram com a experiência de vida. Diz um provérbio bíblico que "quem armazena no outono é prudente; quem dorme na colheita passa vergonha" (Prov. 10: 5). Devemos saber aproveitar o tempo certo para cada coisa que a vida nos oferece. Todos os dias nos são dadas oportunidades que nós, pela nossa ignorância, nem sempre temos o discernimento ou a sabedoria de perceber e aproveitar. Às vezes, a oportunidade vem em forma de tempo, e acabamos por desperdiçá-lo com banalidades que em nada contribuem para o nosso crescimento. O tempo que desperdiçamos é, de fato, um tempo perdido porque não o teremos mais. Nietzsche (1994, p. 20) dizia que "é tempo que o homem tenha objetivo. É tempo que o homem cultive o germe da sua mais elevada esperança", porque sem objetivo não se tem esperança, e sem esperança não se pode progredir com sabedoria e muito menos se ter sucesso na vida.

3. Delineamentos para obter sucesso na vida

"Se não puder se destacar pelo talento, vença pelo esforço."

Dave Weinbaum

Perdi a conta de quantas vezes ouvi as pessoas dizerem: "nada dá certo para mim! Tudo o que vou fazer dá errado! Acho que tem alguma coisa de errado comigo porque não consigo levar a cabo as coisas que começo! Por que só comigo as coisas não dão certo? As coisas que consegui até hoje foram às custas de muito esforço...". Essas são algumas das inúmeras lamentações que escutamos todos os dias, basta abrir as portas do consultório, do confessionário ou mesmo nas conversas informais do dia a dia. São relatos de dificuldades que parecem exclusivas, mas que torturam a maioria das pessoas. Quem nunca passou por uma dificuldade? Quem nunca fracassou em alguma coisa? Todos temos nossos tropeços e falhas, a diferença está em como cada um lida com essas situações.

Desse modo, vemos que uns conseguem galgar os mais altos escalões da sociedade e outros não conseguem sequer o essencial para viver dignamente. Onde está a causa desse desequilíbrio? Se quiséssemos, não faltariam argumentos filosóficos e sociológicos para demonstrar tais fatores, mas não é esse o nosso objetivo aqui. O que queremos é demonstrar que as principais causas do fracasso ou da infelicidade estão dentro nós, ou melhor, dentro da nossa cabeça. Basta analisar o seguinte raciocínio:

Quando pensamos que somos derrotados, nós seremos derrotados. E, de fato, é isso que acontece. Tudo o que pensamos, somos. Se não pensarmos "quero intensamente!", nunca conseguiremos nada. O fato de querermos com toda intensidade faz a diferença. Portanto, não basta apenas querer alguma coisa, é preciso querê-la com muita força de vontade. É isso que acontece quando queremos vencer na vida. Quando queremos, mas pensamos que nada vamos conseguir, dificilmente, ou nunca, teremos o sabor da vitória. Desse modo, quando formos fazer algo, que o façamos por completo, com toda a dedicação, com toda a força que existe dentro de nós, porque, se fizermos as coisas pela metade, seremos, com certeza, pessoas fracassadas. Assim, descobrimos neste mundo que o sucesso começa pela nossa intenção e tudo se determina pelo nosso espírito. Dessa forma, se pensarmos que somos um fracasso, assim nos tornaremos. Quando almejamos atingir uma posição mais elevada, devemos, antes de obter a vitória, nos dotarmos da convicção de quem conseguirá, infalivelmente, custe o que custar. Devemos lembrar sempre: a luta pela vida nem sempre é vantajosa aos fortes, nem aos espertos. Mais cedo ou mais tarde, quem cativa a vitória é aquele que crê plenamente: eu conseguirei. Agindo assim, seremos vencedores!

Portanto, nunca esqueça que quando um vencedor comete um erro, diz: "me enganei", e aprende a lição. Quando um perdedor comete um erro, diz: "não foi minha culpa", e segue cometendo outros erros. Antes de tudo, saiba reconhecer seus erros. Isso não é sinal de fraqueza, pelo contrário, é sinal de grandeza, porque só os grandes reconhecem suas falhas e aprendem com elas para não repeti-las. Um vencedor sabe que a adversidade é o melhor dos mestres, mas um perdedor se sente vítima perante a adversidade. Quem não quer ter adversários ou enfrentar situações adversas, perde as melhores chances de crescimento e aprendizagem. Um vencedor sabe que o resultado das coisas depende dele, já o perdedor crê que a má sorte existe. Portanto, se queremos ser vencedores, nós devemos nos empenhar para obter o melhor resultado e, se o mesmo não for como o esperado, assumamos o erro e busquemos nos aperfeiçoar mais. Um vencedor trabalha duro durante mais tempo para si mesmo sem esquecer os outros. Um perdedor está sempre *muito ocupado* e não tem tempo para si e nem para os outros. Se queremos conquistar algo, dediquemo-nos ao nosso aperfeiçoamento, invistamos em coisas que nos tragam crescimento, seja espiritual, intelectual ou qualquer outro aspecto que nos faça crescer. Saibamos que os desafios serão muitos, mas um vencedor enfrenta os desafios um a um. Um perdedor dá voltas e não se atreve a enfrentá-los. Para o perdedor, os desafios são motivos de desânimo, já para o vencedor, os desafios são, por si mesmos, motivações para superá-los. Um vencedor se compromete, dá sua palavra e a cumpre. Um perdedor faz promessas, não assume nada e, quando falha, só se justifica. Um vencedor diz: "eu sou bom, mas vou ser melhor". Um perdedor diz: "não sou tão mau quanto as outras pessoas". Desse modo, o ângulo pelo qual você vê as coisas lhe dirá se você é um vencedor ou um perdedor. Um vencedor escuta, compreende e responde. Um perdedor apenas espera sua vez de falar. Um vencedor respeita aqueles que sabem mais e tenta aprender algo com eles. Um perdedor resiste aos que sabem mais e só se fixa em seus defeitos. Um vencedor se sente responsável por algo mais que seu trabalho. Um perdedor não se compromete e sempre diz: "só faço o meu trabalho". Um vencedor diz: "deve haver uma maneira melhor de se fazer isso". Um perdedor diz: "esta é a maneira como sempre temos feito isso".

Enfim, um vencedor é parte da solução e um perdedor é parte do problema. Segundo Eduardo Galeano (1987, p. 32), "somos o que fazemos, mas somos principalmente o que fazemos para mudar o que somos". Só assim teremos sucesso na vida. Portanto, seremos bem-sucedidos mesmo que os demais não creiam em nós, contanto que tenhamos confiança em nós mesmos, porque o sucesso é conseguido com decisão, confiança, persistência e não com desânimo, indecisão, lamúrias. Os vencedores da batalha da vida são homens e mulheres perseverantes que, sem se julgarem gênios, convenceram-se de que só pela perseverança e esforço poderiam chegar ao fim almejado. O sucesso depende unicamente de insistência e ação. Thomas Edison dizia que o sucesso compõe-se de noventa e nove por cento de transpiração e um por cento de inspiração, e Henry Ford confirmou isso ao dizer que os dias prósperos não vêm por acaso; nascem de muita fadiga e muita persistência.

Desse modo, o mais importante é querer vencer e se lançar ao desafio da busca da vitória, porque querer vencer já é ter percorrido metade do caminho da vitória. Lembre-se sempre: a estrada do sucesso pode ter vários quilômetros, mas é na mente que se começam a contar os primeiros passos. Por isso, é muito importante fazer projetos na vida para as metas que se deseja alcançar: primeiro mentalize as metas e depois as coloque no papel, isso serve para não esquecermos os passos que queremos dar. As pessoas destituídas de projetos estão à mercê dos ventos errantes da sorte. Já aquelas que têm projetos e determinações para seguir, têm o controle do destino. Nunca esqueça que os prêmios mais ambicionados que a vida pode oferecer estão nas mãos daqueles que planejam e agem. As sobras ficam para os que não têm projetos ou ideais. Enfim, seja lá o que for que você deseja fazer ou ser, lance fora primeiro seus temores e suas indecisões e, assim, as coisas começam a dar certo e você passa a viver e a dar forma aos seus projetos.

Se as coisas não deram certo hoje, lembre-se de que há sempre um amanhã. O importante é persistir sempre, nunca desistir. Os problemas, os obstáculos e até os fracassos reforçam nossa resistência, nos ensinam, burilam nosso caráter. O importante é saber que todos nós temos dons, capacidades e, acima de tudo, uma missão a cumprir.

A vida é como um grande teatro, ora somos atores, ora espectadores; de uma forma ou de outra, estamos interagindo com ela e com uma plateia que nos cerca todos os dias. Essa interação é um processo de construção que molda nossa vida e faz dela o que vivemos no cotidiano. O que contribui para o crescimento, para a obtenção de sucesso nos nossos empreendimentos, é acreditar que somos hoje melhores que ontem e que seremos amanhã melhores do que hoje. Somos o que imaginamos ser. Somos o que sentimos. Somos seres pensantes e, pelo fato de pensarmos, podemos construir coisas melhores porque saber pensar é saber melhorar.

Melhorando nossos pensamentos, melhoramos nossas atitudes. Melhorando nossas atitudes, nossas relações se tornam melhores. Melhorando nossas relações, nossos negócios também vão melhorar. Melhorando nossos negócios, melhoraremos nosso destino e obteremos sucesso na vida.

Desse modo, nossos pensamentos edificam a espécie de pessoa que desejamos ser. Um pensamento apoiado pelo desejo forte transforma-se em seu equivalente físico. Imagine-se bem-sucedido e o sucesso virá. Quem pensa que pode, dispõe-se de poder. Para isso, temos que ser otimistas.

Viver com otimismo é viver se renovando. O otimismo traz resultados compensadores e consegue modificar coisas que para os pessimistas seriam impossíveis. Para quem é otimista tudo é passível de se modificar, de se transformar, não fica como está. Um dos pensamentos que ajuda a alimentar o otimismo é saber que a primeira grande vitória que tivemos é ter nascido.

Para vir a esse mundo, vencemos uma grande concorrência, talvez, a maior de todas. Quando chegamos a esse mundo, uma grande porta se abriu para nós. Agora, as portas estão abertas para quem sabe o que deseja e se decide a conquistar. Não importa quem somos e a idade que temos. Nunca é tarde para buscar concretizar nossos sonhos, nunca é tarde para ser feliz. Há sempre uma oportunidade para quem busca. Basta estarmos sempre dispostos a nos conhecermos mais e conhecer as coisas que nos cercam, as oportunidades chegam até nós ou chegamos até elas.

O autoconhecimento leva à liberdade, porque, dentro de cada um de nós, está a maior parte das respostas para os problemas que encontramos no dia a dia. Sabendo qual é a solução, quais são as respostas, somos mais seguros de nós. Sendo mais seguros, somos também mais livres para decidir. Assim, cada dia será um dia a mais para buscar a concretização das conquistas.

Esses são alguns delineamentos para se obter sucesso na vida, sem nunca esquecer que sucesso não é simplesmente adquirir coisas, mas, sobretudo, ser feliz com as coisas conquistadas. Sucesso não é ter tudo que queremos, mas querer tudo que temos.

Para concluir, descrevo uma espécie de fábula, de um autor desconhecido, intitulada *O abacaxi: Lição de gestão diferenciada*. Acredito que ela ilustra muito bem o que tratamos neste capítulo sobre os delineamentos para se obter sucesso na vida. Reflita sobre a mesma e veja se a falta de sucesso na sua vida não decorre de situação parecida. Assim diz o texto:

João trabalhava em uma empresa há muitos anos. Funcionário sério, dedicado, cumpridor de suas obrigações e, por isso mesmo, já com seus vinte anos de casa. Um belo dia, ele procura o dono da empresa para fazer uma reclamação:

— Patrão, tenho trabalhado durante esses vinte anos em sua empresa com toda a dedicação, só que me sinto um tanto injustiçado. O Juca, que está conosco há somente três anos, está ganhando mais do que eu.

O patrão escutou atentamente e disse:

— João, foi muito bom você vir aqui. Antes de tocarmos nesse assunto, tenho um problema para resolver e gostaria da sua ajuda. Estou querendo dar frutas como sobremesa ao nosso pessoal após o almoço. Aqui na esquina tem uma quitanda. Por favor, vá até lá e verifique se eles têm abacaxi.

João, meio sem jeito, saiu da sala e foi cumprir a missão. Em cinco minutos estava de volta.

— E aí, João?

— Verifiquei como o senhor mandou. O moço tem abacaxi.

— E quanto custa?

— Isso eu não perguntei não.

— Eles têm quantidade suficiente para atender a todos os funcionários?

— Também não perguntei isso, não.

— Há alguma outra fruta que possa substituir o abacaxi?

— Não sei, não...

O patrão pegou o telefone e mandou chamar o Juca. Deu a ele a mesma orientação que dera ao João:

— Estou querendo dar frutas como sobremesa ao nosso pessoal após o almoço. Aqui na esquina tem uma quitanda. Por favor, vá até lá e verifique se eles têm abacaxi.

Em oito minutos o Juca voltou.

— Eles têm abacaxi, sim, e em quantidade suficiente para todo o nosso pessoal; e se o senhor preferir, tem também laranja, banana e mamão. O abacaxi é vendido a R$ 1,50 cada; a banana e o mamão a R$ 1,00 o quilo, melão R$1,20 a unidade e a laranja a R$20,00 o cento, já descascado. Mas como eu disse que a compra seria em grande quantidade, eles darão um desconto de 15%. Aí aproveitei e já deixei reservado. Conforme o senhor decidir, volto lá e confirmo explicou Juca.

Agradecendo as informações, o patrão dispensou-o para retornar ao trabalho. Voltou-se para o João, que permanecia sentado ao lado, e perguntou-lhe:

— João, o que foi mesmo que você estava me dizendo?

Reflitam sobre os seus conhecimentos, habilidades e atitudes. Talvez nelas estejam as causas que dificultam que você tenha sucesso no seu emprego ou mesmo na sua vida. Faça a diferença. Só depende de você. Acredite em você, confie no seu EU interior. Acredite no seu diferencial de extrema utilidade para o sucesso.

Maquiavel dizia que "as mais das vezes, costumam aqueles que desejam granjear as graças de um príncipe trazer-lhe os objetos que lhes são mais caros" (MAQUIAVEL, 2001, p. 11), da mesma forma, no nosso trabalho ou na função que exercemos, devemos sempre ir além do que nos foi pedido, usando das nossas habilidades, criatividade e iniciativa para valorizar nossas ações e satisfazer a empresa em que trabalhamos. Esse é o caminho do sucesso. Só consegue galgar os mais altos escalões empresariais aqueles que têm atitude e iniciativa diante das coisas mais simples que lhes são solicitadas. O sucesso é como uma escada, ele vem por degraus ou etapas. É preciso ser paciente e perseverante para continuar a subir. Os que se cansam e param no meio do caminho podem não apenas estacionar profissionalmente, mas ficar para trás ou descer degraus. Desse modo, quando conquistada uma posição desejada, não se deve acomodar-se. É preciso continuar as buscas e aperfeiçoar ainda mais seus conhecimentos e habilidades. Nesse aspecto, é mais uma vez Maquiavel (2001, p. 19) que nos oferece as ferramentas para manter o poder, os espaços e as posições conquistadas, com possibilidades de conquistar outras ainda melhores. Diz ele: "o conquistador, para mantê-las, deve ter duas regras: primeiro, fazer extinguir o sangue do antigo príncipe; segundo, não alterar as leis nem os impostos", isto é, quando conquistar uma posição, imprimir aos poucos a sua marca no espaço conquistado, de modo que as marcas deixadas pelo seu antecessor se tornem invisíveis e você seja de fato valorizado e respeitado pelas inovações apresentadas. Por outro lado, deve-se manter as decisões quando elas se tratam de contribuições financeiras, como, por exemplo, taxas ou impostos. É que com as que já existiam todos já estão acostumados e isso não interferirá na sua credibilidade. Toda vez que uma lei ou um imposto é alterado, os ânimos da população ou do quadro empresarial se acirram e isso só lhe trará prejuízo para seu sucesso profissional. Portanto, ainda está valendo o clássico conselho de Maquiavel.

Uma outra recomendação dele é estar sempre presente, inteirando-se dos problemas e de todo o conjunto da área pela qual você é responsável. Quando se conquista um espaço ou um lugar, é preciso, segundo Maquiavel, ir habitá-lo, porque esse é um dos meios mais eficazes para administrá-lo. Diz ele que "se se está presente, vê-se nascer as desordens, e pode-se remediá-las com presteza; caso contrário, só se terá notícia delas quando não houver mais remédio" (MAQUIAVEL, 2001, p. 19) e, então, você estará fadado ao fracasso. Além disso, diz Maquiavel, o espaço ou a posição conquistada não será ocupada ou mesmo espoliada pelos que desejam o seu lugar. Com isso, os demais funcionários ficarão satisfeitos com os mais simples recursos que o administrador ou gerente oferecer. Assim, de acordo com Maquiavel, "terão maiores razões de amá-los, se é o caso, ou temê-lo" (2001, p. 19). Desse modo, as críticas ou os ataques externos serão mais custosos e você só muito dificilmente perderá esse espaço conquistado.

Seguindo na esteira de Maquiavel, depois de conquistadas as posições desejadas, um outro remédio eficaz é organizar equipes de trabalho em vários lugares, as quais serão uma espécie de grilhões postos à empresa, pois é necessário fazer isso, ou ter lá muitos argumentos e estratégias para defender suas ideias. Com as equipes não se gasta muito, e, sem grandes despesas, podem ser organizadas e mantidas. Os únicos prejudicados com elas serão aqueles que a elas não aderirem. Mas os prejudicados serão minoria na empresa e, reduzidos e dispersos, não poderão causar-lhe danos. Os que não se sentem prejudicados se aquietarão por medo de perderem os benefícios que, supostamente, recebem da equipe. Enfim, "o desejo de conquistar é coisa verdadeiramente natural e ordinária e os homens que podem fazê-lo serão sempre louvados e não censurados" (MAQUIAVEL, 2001, p. 23). Com essas reflexões orientadas por *O príncipe*, de Maquiavel, passamos, a seguir, para o próximo passo que trata dos métodos para vencer as dificuldades, aspecto importante para viver bem e ter sucesso.

4. Método para vencer as dificuldades

"A grandeza de um homem consiste em sua decisão de ser mais forte que a condição humana."

Albert Camus

Dificuldades, quem não as tem? Impossível uma vida isenta de dificuldades. Uns têm mais, outros têm menos, mas todos, de alguma forma, ou em algum momento da vida, passaram, passam ou vão passar por alguma situação de dificuldade. Seja na área profissional, sentimental ou na saúde, há sempre alguma coisa que não está como gostaríamos que fosse. Dificuldade é sinônimo de obstáculo, de sofrimento, de algo que rouba a nossa tranquilidade e bem-estar. Como não passar por essas situações sem que não nos sintamos desgastados e, às vezes, até mesmo, desmotivados? O segredo está em não buscar, a qualquer custo, uma vida isenta de dificuldades, porque isso acabaria trazendo mais angústia e sofrimento. O importante é ter sempre os pés no chão, isto é, estarmos cientes que a vida é uma sucessão de altos e baixos e que nem sempre as coisas são como planejamos. As dificuldades fazem parte da vida e podemos tirar delas grandes lições.

A melhor saída não está em fugir das dificuldades, mas sim na forma como lidamos com elas, transformando-as em motivação para nosso crescimento e nossas resistências. Não é isso que ocorre com os micro-organismos vivos presentes na natureza e no nosso próprio corpo, como, por exemplo, os vírus, fungos e bactérias? Eles acabam desenvolvendo mutações genéticas a partir dos antídotos ou quaisquer outras medidas que são usadas para o seu combate. Muitos desses se tornam tão resistentes que são até capazes de matar outros seres bem maiores do que eles em proporção. Assim sendo, temos que aprender com nosso próprio corpo e com a natureza que nos rodeia que os opostos são necessários para a sobrevivência.

A vitória só é vitória se ela for o resultado das dificuldades que foram vencidas. Não há vitória sem derrota. Num jogo, luta ou competição, é campeão ou vencedor aquele que derrotar seus adversários. Portanto, as dificuldades podem nos ajudar a lidar melhor com nossas fragilidades para, assim, sairmos delas mais resistentes. Vejamos o exemplo do carvalho.

O carvalho é uma árvore de proporções gigantescas e tidas por muitos povos e na própria *Bíblia* (Gn. 13: 18; Gn. 18: 1) como uma árvore sagrada. Sua sacralidade está, exatamente, na resistência que ela desenvolveu para lidar com as intempéries da natureza. O carvalho torna-se uma árvore forte porque é provado pela força da natureza. Um importante antropólogo que viveu entre os séculos XIX e XX, chamado James George Frazer (1854-1941), escreveu uma de suas mais importantes obras, *O ramo de ouro*, inspirado no carvalho. Nessa obra, Frazer explora a significação do bosque de Nemi e, mais particularmente, a árvore da qual o pretendente ao ofício de vencer as dificuldades e se tornar uma pessoa importante, isto é, sacerdote, tinha de arrancar um ramo. Frazer conta que, em muitas sociedades, principalmente na Europa antiga, atribuem-se poderes fecundantes ao carvalho, sendo esta, portanto, considerada a mais importante de todas as árvores. Na mitologia relatada por Frazer (1978, p. 19), Diana, deusa da fertilidade, tinha um santuário no bosque e sua árvore sagrada era o carvalho. Vírbio, parceiro de Diana no santuário, aparece como uma manifestação local de Júpiter, o deus do carvalho e do céu, e o rei do bosque como a encarnação humana desse deus. O carvalho, na obra de Frazer, é o pivô de uma relação entre o humano e o divino, e nos ensina a lição que só será rei aquele que conseguir vencer seus adversários.

Tive a oportunidade de conhecer essa árvore em uma das minhas viagens à Argentina. Lá, ela é conhecida como *roble* e ainda existe em grande quantidade. Fiquei encantado com a exuberância da mesma e acabei trazendo duas pequenas e frágeis mudas que encontrei debaixo de uma delas. Plantei-as em uma casa de retiro no interior de São Paulo, porque acredito que o carvalho tem algo valioso a nos ensinar. Lembro-me de que vi essa árvore na Argentina em duas ocasiões distintas. A primeira, no fim da primavera, quando ela estava se preparando para o verão, com densas ramagens e folhas de um verde escuro que lembra as folhas de um azevinheiro (um arbusto de folhas ovadas, onduladas e com denteado semelhante a espinhos). A sombra do carvalho é muito agradável. Ela proporciona proteção para si e para os outros. Quando a vi pela segunda vez, era inverno. Ela estava totalmente mudada, adaptada ao frio, ao vento e à neve. Suas folhas estavam todas no chão, protegendo as raízes, conservando a umidade do solo e poupando a planta do consumo excessivo de nutrientes nesse tempo de escassez que é o inverno. Depois do inverno, o carvalho ressurge mais forte e imponente, pronto para as outras estações, cumprindo, assim, o ciclo da vida, fazendo dos contratempos de cada período, uma ocasião de fortalecimento. Assim, a cada ano ele se torna mais belo e mais forte, dando lições de vida a todos aqueles que têm a oportunidade de observar esses detalhes.

Essa árvore é usada pelos botânicos e geólogos como um medidor de catástrofes naturais. Quando querem saber sobre tempestades que ocorrem numa determinada floresta, eles observam o carvalho. É a árvore que mais absorve as consequências de temporais. Quanto mais temporais e tempestades o carvalho enfrenta, mais forte ele fica! Suas raízes naturalmente se aprofundam na terra e seu caule se torna mais robusto, sendo quase impossível uma tempestade arrancá-lo do solo ou derrubá-lo. Mas não pensem que os pesquisadores precisam fazer todas estas análises para saber isso. Basta, apenas, olharem para o carvalho. Pelo fato de absorver as consequências das tempestades, a robusta árvore, às vezes, assume uma aparência disforme, como se realmente tivesse feito muita força, ficando até com uma aparência triste. Para o carvalho, cada tempestade é mais um desafio a ser vencido e não uma ameaça. Numa grande tempestade, muitas árvores são arrancadas, mas o carvalho permanece firme!

Desse modo, quando passar por problemas muito grandes, comporte-se como um carvalho. Todas as vezes que nos deparamos com problemas na vida, que falhamos, observamos o quanto somos frágeis e, assim, podemos nos fortalecer para não perecer. Roosevelt dizia que é triste falhar na vida, porém mais triste ainda é não tentar vencer.

A exemplo do carvalho, a natureza nos deixa lições interessantes para mostrar que fomos criados fortes, e que essa força pode ser aumentada e absorvida de situações adversas, de lutas e sacrifícios. Portanto, quem não faz sacrifícios, não alcança benefícios. Vejamos o exemplo do sacrifício de subir uma montanha. Ele é compensado pela paisagem que descortinamos do alto. Quando se busca o cume da montanha, não se dá importância às pedras do caminho, porque, lá do alto, ao contemplarmos os abismos, compreenderemos as montanhas e os obstáculos em seu entorno. Aprenderemos, assim, que os grandes propósitos são sempre atravessados por diversos obstáculos e dificuldades.

Uma outra situação é a ocasião de uma formatura. Depois de anos de estudo, inúmeras dificuldades e renúncias, o dia da formatura ganha um significado especial. É a coroação da vitória, da luta, dos obstáculos que foram vencidos. É a certeza de que podemos quando queremos, basta ter esperança. Há um texto bíblico que diz: "a tribulação gera constância, a constância leva a uma virtude provada, a virtude provada desabrocha em esperança; e a esperança não decepciona" (Rom. 5: 3; 4). Enfim, o método mais eficaz para vencer as dificuldades é ter esperança e confiança na vitória. Sábias são as palavras de Paulo de Tarso que dizem: "tudo posso naquele que me fortalece" (Fil. 4: 13).

Porém, é bom sabermos que nem tudo o que queremos, nós podemos; e nem tudo o que podemos, nós devemos fazer. Além disso, nem tudo aquilo que podemos, nós, de fato, fazemos, porém, tudo de que precisamos, nós podemos. Esse é o ensinamento da expressão supracitada. Há uma oração tida como poderosa pelos devotos de São Judas que diz: "eu quero, eu posso, eu faço". Essa máxima é verdadeira se for vista a partir da reflexão acima. Portanto, para vencer as dificuldades, é preciso querer. Quem quer, pode, e quem pode, faz, porque querer é poder, porém, o bom senso diz que nem tudo convém.

Um outro método infalível para vencer as dificuldades e atingir as metas desejadas é a persistência. Quando somos insistentes naquilo que queremos, conseguimos. Vejamos uma parábola que ilustra bem a importância da perseverança na busca. É uma fábula contada para crianças, mas traz também uma lição de vida para os adultos.

Conta a fábula que, por ser o animal mais veloz da floresta, a lebre saía por aí desafiando todos os outros bichos a vencê-la em provas de corrida. Depois de tantas derrotas, os outros animais já não aceitavam mais seus desafios. Até que um dia, para a surpresa geral, a tartaruga, conhecida por sua extrema vagarosidade, declarou que entraria na competição. A reação da bicharada? Muitas gargalhadas! Como poderia, justo a tartaruga, vencer a lebre em uma prova de agilidade? Mesmo assim ela manteve-se firme. Sabia que suas perninhas curtas a impediam de dar passos largos como os da lebre. Sabia também que seu casco era pesado e atrapalhava bastante sua locomoção, mas estava certa de que podia chegar lá vitoriosa e então ser reconhecida por todos da floresta.

No dia da competição, não teve um só bicho que não abandonasse a toca para acompanhar o embate. A lebre chegou mais cedo e ficou circulando entre o público, já cantando vitória e fazendo piadas sobre sua desafiadora. A tartaruga, porém, chegou calmamente, tomou seu lugar e decidiu concentrar-se. "Eu sei que posso!", pensava, com uma determinação de dar inveja a muitos atletas.

Foi dada a largada e, como era esperado, a lebre disparou na frente. Muitos, menos confiantes, desistiriam ali mesmo, mas a tartaruga seguia com seus passos pequenos, porém cheia de positivismo. Suas costas doíam muito e suas pernas já estavam cansadas logo no início, mas precisava prosseguir.

Percebendo que abrira uma vantagem muito grande e que estava a poucos metros da linha de chegada, a lebre decidiu recostar-se sobre uma árvore e tirar uma soneca. Estava tão na frente que imaginou que não haveria problema em descansar um pouquinho. Acontece que a brisa era fresca, a grama fofinha e aconchegante e a lebre estava tão esgotada que acabou caindo num sono pesado.

A tartaruga, que continuava caminhando, lenta e confiante, chegou ao ponto em que a lebre dormia e percebeu que estava diante de uma grande oportunidade de se sagrar vencedora. Nesse momento, concentrou toda a sua força de vontade e esforçou-se para alcançar a linha de chegada, antes que sua oponente acordasse. Cruzou a marca e foi declarada vencedora, para a surpresa e alegria dos animais, que já estavam incomodados com a prepotência da lebre. Esta só foi acordar muito tempo depois, quando não havia mais ninguém no local da corrida, já que estavam todos numa festa, comemorando a vitória da tartaruga.

A fábula nos ensina que não importam nossas dificuldades, o que importa mesmo é continuarmos firmes diante delas. Não devemos desistir de nossos objetivos, ainda que as dificuldades para alcançar o êxito sejam muitas. Para isso, é preciso saber quais são as melhores coisas que devemos fazer diante das dificuldades. Quem nos aponta algumas delas é Benjamin Franklin. Dizia ele: a melhor coisa que você pode dar ao inimigo é o seu perdão. Ao adversário, sua tolerância. Ao amigo, sua atenção. Ao filho, bons exemplos. Ao pai, sua consideração. À mãe, comportamento que faça sentir-se orgulhosa. A todos os homens, caridade. A você próprio, respeito. Enfim, não é porque um espinho lhe espetou que você vai odiar as rosas. Não é porque um de seus sonhos não se concretizou que você vai entregar todos os seus projetos e deixar de sonhar. Não devemos perder a fé em todas as orações porque em uma não fomos atendidos. Não vamos desistir de todos os esforços porque um deles fracassou. Condenar todas as amizades porque uma nos traiu. Descrer de todo amor porque um deles não nos foi fiel. Jogar fora todas as chances de ser feliz, porque uma tentativa não deu certo. Há sempre uma outra chance, uma outra amizade, um outro amor, uma nova força. É só ser perseverante e procurar ser mais feliz a cada dia. A glória não consiste em jamais cair, mas sim em erguer-se toda vez que for necessário.

5. A arte de conviver com a solidão

"Parece que existe em nós cantos sombrios que toleram
apenas uma luz bruxuleante.
Um coração sensível gosta de valores frágeis."

Gaston Bachelard

Numa manhã ensolarada de seis de junho de 1945, no Rio de Janeiro, Cecília Meireles (1998, p. 169) escrevia sobre solidão, numa crônica para o jornal *A manhã*, intitulada "Página da infância". No fundo da solidão de todo escritor, ela escrevia: "solidão, solidão... Acumulam os dias de solidão. No entanto, as pessoas passam, param, entram, falam... Mas há valas, grades, muros... que nos separam dos outros, por mais que estejamos acompanhados". Detectamos a solidão quando desencantamos com algo ou alguém em quem colocamos nossa confiança ou esperança e que depois nos decepcionou.

Até "as próprias crianças se desencantam", dizia ela, quanto mais os adultos. Elas desencantam "ou porque têm sardas, ou andam de olhos sujos, ou metem os dedos no nariz, ou esfregam as mãos pela roupa, melosas de calda de balas, pegajosas de visgo de frutas..." (MEIRELES, 1998, p. 169), mas nós, adultos, nos desencantamos com outras coisas, cujos significados são apenas nossos, do nosso mundo, daqueles mundos que só nós temos acesso, aos quais damos o nome de solidão.

Nesses momentos, nos deparamos com nós mesmos, com o que somos e o que fazemos da nossa vida. Nisso consiste a rica beleza da solidão. Um tempo e um espaço além do cronológico e do geográfico que nos possibilita contemplar o essencial, invisível aos olhos. Belezas internas e externas. Cecília dizia que nesses momentos indescritíveis de solidão gostava de olhar, da varanda de sua casa, "as palmeiras enegrecendo contra as cores violentas do crepúsculo" (MEIRELES, 1998, p. 170), num misto de encanto e desencanto próprio do entardecer, "numa espécie de melancolia que modifica todas as coisas que se vão encontrando...".

Momentos de solidão são momentos em que o passado se faz presente. Momentos em que vêm à tona lembranças, saudades, num misto de alegria e dor. Cecília diz nesta crônica: "como ainda não escureceu, e não é hora de ter sono, abre-se o álbum de retratos em cuja pesada capa de couro voam anjinhos de bronze com asas de borboletas". Um álbum de lembranças se descortina no entardecer de solidão. É bom fazer memória de coisas vividas, desde que elas sirvam de alento para a realidade presente e nos transportem para um mundo de sonhos que dêem sentido à vida, tornando-a mais alegre. Assim é o *Reino da solidão*, dizia Cecília Meireles. Algo "que ao mesmo tempo encanta e alucina [...], onde tudo está separado, cumprindo seu destino, com ordens secretas de caminhar ou parar, de viver ou morrer, – e uma docilidade profunda diante dessa intimação" (MEIRELES, 1998, p. 217).

Esse texto de Cecília Meireles nos remete à solidão como aquele momento de encontro com os mais diversificados seres que habitam em nós. Podemos descobrir que somos bons ou maus, felizes ou tristes, esperançosos ou desesperançados, ou tudo isso ao mesmo tempo, dependendo da ocasião e das ações que praticamos.

Quando sabemos aproveitar os momentos de solidão, temos oportunidade de aprender neles mais sobre nós mesmos e sobre a nossa relação com os outros. Por isso, momentos de retiro e isolamento se fazem necessários na nossa vida. Vez por outra, é bom parar tudo para escutar o eco das nossas ações, porque somos o que fazemos e o que fazemos determina nossos sentimentos. Quando estamos na agitação, nas atividades do dia a dia, não escutamos as ressonâncias daquilo que fazemos ou somos. Quando elas chegam, sem que estejamos preparados, nem sempre sabemos lidar com elas e, assim, criam-se grandes confusões mentais. Tudo por falta de nos conhecermos mais, de saber quem somos e o que nossas palavras e ações provocam ao interagir com as pessoas que convivemos.

Isso faz lembrar a fábula do menino que, ao ouvir pela primeira vez o eco de sua voz nas montanhas, se sentiu insultado. Talvez a solidão nos insulte e nos provoque porque não suportamos a nós mesmos, simplesmente porque não nos conhecemos ou porque nunca deixamos um tempo para ficarmos a sós com o que somos. Assim diz o texto da fábula:

Um menino e seu pai caminham pelas montanhas. De repente, o filho cai, se machuca e grita:

— Aai!

Para sua surpresa, escuta a voz se repetir, em algum lugar da montanha:

— Aai!

Curioso, pergunta:

— Quem é você?

Recebe como resposta:

— Quem é você?

Contrariado, grita:

— Seu covarde!

Olha para o pai e pergunta, indignado:

— O que é isso?

O pai sorri e lhe fala:

— Meu filho, preste atenção!

Então, o pai grita:

— Eu admiro você!

A voz responde:

— Eu admiro você!

De novo, o homem grita:

— Você é campeão!

E a voz responde:

— Você é campeão!

O menino, espantado, não entende. E, então, o pai explica:

— As pessoas chamam isso de eco, mas na verdade isso é a vida! Ela lhe dá de volta tudo o que você diz ou faz. Nossa vida é simplesmente o reflexo de nossas ações. Se você quer mais amor no mundo, crie mais amor no seu coração. Se você quer mais responsabilidade na sua equipe, desenvolva a sua responsabilidade. O mundo é prova de nossa capacidade.

Para isso, precisamos ter coragem de olhar no espelho que reflete o nosso interior. Ver além das nossas aparências. Isso só é possível na solidão. Se você é uma pessoa que vive sozinha ou convive com um grupo, seja de familiares, parentes, amigos ou fraternidade religiosa, mas se sente só entre eles, ou ainda, se sente só na multidão, esse texto é do seu interesse. O que fazer quando nos deparamos com a solidão e ela é algo irremediável na nossa vida?

Todo mundo, por mais sociável que seja, já teve momentos de solidão. Momentos em que sobressai aquele sentimento de não termos ninguém para partilhar alguma coisa, para nos ouvir, ou, simplesmente, para nos fazer companhia, em silêncio. A solidão é algo mais comum do que se possa imaginar, é algo muito frequente, embora muitos não a percebam, porque fogem dela o tempo todo, através de algum artifício, seja a companhia de alguém, ou mesmo por meio de jogos eletrônicos, computadores e *internet*, ou nos excessos de atividades.

Nos tempos modernos, a *internet* tem sido a "grande companheira" das pessoas solitárias. Alguns chegam mesmo a dispensar amizades reais para estar na companhia de amizades virtuais. Tudo para fugir da solidão. Ela é tida como a grande vilã da civilização.

Por que tememos tanto a solidão? Se ela fosse assim tão monstruosa, não seria parte integrante de nossa vida. Não é por acaso que nos dois principais momentos de transição de nossa vida, o nascimento e a morte, embora estejamos cercados de pessoas, estamos tremendamente sozinhos.

Rubem Alves lembra que "todo doente está irremediavelmente sozinho, dentro de uma bolha transparente e impenetrável. E não adianta segurar a mão: nem mesmo o carinho tem a chave para entrar nessa solidão" (ALVES, 2000, p. 39).

Solidão é um princípio de individualidade e todos nós temos a nossa individualidade, por mais que tenhamos pessoas ao nosso lado, vinculadas por laços de parentesco, afinidades ou outros sentimentos. Portanto, a solidão é real, faz parte da nossa vida e é necessária para a nossa existência como ser social porque ela é mediadora do nosso equilíbrio. Ela nos possibilita o encontro com o *eu* e esse encontro é fundamental para nos encontrarmos com os outros. Quem tem medo da solidão tem medo de si mesmo, e quem tem medo de si dificilmente vai ter boas relações com os outros. Partindo desse pressuposto, vamos refletir sobre a solidão, apontando seus dois lados opostos e, com isso, procurar descobrir a arte de viver e conviver com ela, e dela também extrair coisas boas para a nossa vida.

Vamos, primeiro, à definição mais comum do que é solidão e, depois, buscaremos os caminhos para conviver com essa circunstância tão temida pela maioria das pessoas.

Solidão é o estado de quem se acha ou se sente desacompanhado ou só. Com essa primeira definição, vemos que solidão é um sentimento, isto é, algo que pode ser tratado a partir da dimensão do imaginário, do interior, da *psique*, enfim, da alma. Com isso, entendemos porque muitos se sentem sós mesmo estando acompanhados, e outros se sentem "muito bem acompanhados" mesmo não tendo ninguém por perto. Solidão é um isolamento interior que pode acontecer em qualquer circunstância, independente de quem somos. Pode ocorrer quando estamos literalmente acompanhados ou quando estamos desacompanhados. Poder ser buscada ou evitada, amada ou odiada, temida ou ignorada. Independe de camada social, raça ou credo religioso. Ela é simplesmente parte da vida e uma parte muito importante.

O mais difícil da solidão é quando a vemos como inimiga. Inimigos são enfrentados com armas ou artimanhas, ou são ignorados, ou evitados. Portanto, se quisermos ser felizes, é preciso não ver a solidão como inimiga. O primeiro passo para viver bem é ter a solidão como amiga. Os amigos são aqueles que queremos que participem de nossa vida. Eles nos completam, nos oferecem alegria e nos ensinam apenas com sua presença.

A vida religiosa institucional, cuja essência é a vida comunitária, está repleta de pessoas solitárias. Parece uma contradição, mas é a pura realidade. Uma instituição em que as pessoas entram para viver juntas, acaba por se tornar um lugar de isolamento e despreocupação com a vida do outro, ou pior, uma preocupação doentia com a vida do outro no sentido de padronização ou formatação a padrões só ali concebidos, que geram mais solidão ainda. Os que não se enquadram são ignorados ou desvinculados da suposta convivência.

A vida social, o relacionamento com o outro, ou mesmo a vida comunitária são necessidades inerentes ao ser humano, isto é, inatas à nossa condição, por isso, são belas e agradáveis. Necessitamos dos outros para viver, para sermos completos, para darmos significado à nossa existência. A maior parte das coisas que fazemos só tem razão de ser porque existe o nosso semelhante. Bem pouco do que fazemos é para nós mesmos. Fazemos para os outros, por causa dos outros, pelos outros. Sartre dizia que "o inferno são os outros", só que os outros podem ser também nosso paraíso. Essa é a ideia presente no mito bíblico do livro do *Gênesis*. O homem, ao ser criado, necessitou de alguém que o completasse para ser, de fato, feliz. O paraíso só se completou com a presença da mulher. O outro baliza nosso ser, aponta nossas diferenças e nos devolve a solidão original. E isso gera conflito.

O conflito é necessário para que a vida não seja um marasmo sem fim. Em grupo ou em comunidade, nos deparamos com essas duas dimensões paradoxais: o céu e o inferno presentes numa mesma condição. Cabe a cada um, indivíduo ou grupo, fazer com que uma dessas duas dimensões se evidencie.

Os outros são o paraíso quando a convivência se torna uma relação de amor, fraternidade, compreensão. Quando o outro ou os outros são aqueles com quem podemos contar, partilhar nossas alegrias e tristezas. Quando nos sentimos seguros e transmitimos segurança.

É nesse sentido que Bauman (2003, p. 7) fala da comunidade. Um lugar que, quando chegamos do trabalho, das nossas atividades diárias, encontramos outros com quem podemos partilhar como foi nosso dia, o que nos alegrou e o que nos entristeceu. Por outro lado, os outros são o inferno quando não existe a relação supracitada e em seu lugar se instaura o indiferentismo, o isolamento, a inveja, a rivalidade ou a comparação.

Neste aspecto, Rubem Alves questiona sobre a nossa infelicidade com a solidão, questionando se ela não é derivada das comparações que fazemos. Segundo ele, usando uma expressão de Sören Kierkegaard, toda infelicidade deriva das comparações e a infelicidade de se ter solidão tem a mesma origem. Diz Alves: "você compara a cena de você, só, na casa vazia, com a cena (fantasiada) dos outros, em celebrações cheias de risos... Essa comparação é destrutiva porque nasce da inveja. Sofra a dor real da solidão porque a solidão dói. Dói uma dor da qual pode nascer a beleza. Mas não sofra a dor da comparação. Ela não é verdadeira" (ALVES, 2002, p. 66).

Nesse sentido, "o estar juntos não quer dizer comunhão. O estar juntos, frequentemente, é uma forma terrível de solidão, um artifício para evitar o contato com nós mesmos" (ALVES, 2003, p. 62). Quando o estar junto é algo feito por obrigação, um preceito, uma norma, um regulamento, ele perde seu sentido existencial e passa a ser visto como lei e, assim, os outros deixam de ser nosso complemento e passam a ser elementos infernais, dos quais queremos nos livrar a todo custo.

Arriscaria até dizer que boa parte das pessoas consagradas para a vida religiosa tem uma vida extremamente solitária porque os outros com quem vivem de fato não convivem. São pessoas que as circunstâncias colocaram no seu caminho e elas nem sempre são amigas, companheiras ou irmãs. Não são pessoas com as quais você escolheria conviver. Acabam se transformando, assim, em verdadeiros incômodos para a liberdade.

Isso ocorre também com as pessoas que vivem nos grandes centros urbanos. Estão cercadas de gente, mas vivem só e não têm, muitas vezes, com quem compartilhar as pequenas e belas coisas do dia a dia e nem as grandes. Uns vivem assim por opção, outros, porque as circunstâncias os levaram a essa situação de isolamento em grupo.

A solidão, por si, é uma palavra que denota uma condição de sofrimento, e representa uma situação que todos querem evitar, porém, que pode ser vista e vivida de outras formas, bem mais producentes e agradáveis. Estar só nem sempre é sinônimo de infortúnio, padecimento, infelicidade ou tormento. Nem todas as pessoas que vivem sozinhas, sofrem a solidão. O importante é saber lidar com ela.

Real ou imaginária, como lidar com a solidão? A primeira recomendação é procurar um meio de descobrir quais as vantagens de se estar só e fazer disso algo satisfatório. Quando descobrimos o lado bom de estar só, o monstro da solidão é desmistificado. Assim, essa tão temida condição se transforma em algo prazeroso.

Todos nós precisamos de momentos para estarmos a sós conosco, na intimidade de nosso eu, com as coisas e espaços que são nossos. Momentos de intimidade, de aconchego, de estarmos diante de nós mesmos para nos conhecermos melhor, seja nos nossos medos e fraquezas ou nas nossas alegrias e fortalezas.

Quem tem medo de ficar sozinho, tem medo de si mesmo. Se você passa a maior parte do tempo sozinho, procure arrumar coisas que sejam agradáveis de fazer na solidão, como, por exemplo, escrever. Escrever é um ato solitário, mas necessário. Dificilmente escreveremos algo profundo, que brote de dentro de nós, se estivermos numa multidão. Portanto, se você tem muitos momentos de solidão, aproveite-os e escreva algo, ou faça alguma coisa que expresse seus dons, como esculpir ou pintar. Rainer Maria Rilke, um poeta solitário, segundo Rubem Alves (2002, p. 64), disse que "as obras de arte são de uma solidão infinita". Elas revelam o tempo de solidão fecunda de seu autor. Uma solidão geradora do infinito, do transcendente.

Uma outra boa coisa para se fazer, quando se está sozinho, é ouvir músicas que façam bem à alma. Além disso, leia, desenhe, pinte, filosofe quando estiver só, porque esses são ofícios para serem praticados na solidão. As pessoas que cultivam momentos de solidão e neles fazem essas atividades, geralmente são mais equilibradas emocionalmente do que aquelas que vivem sempre acompanhadas e nunca produzem nada. Elas sabem lidar melhor com as suas emoções do que as que vivem sempre em bando.

Se você é uma pessoa sozinha, não por opção, mas pelas circunstâncias da vida, não se desespere. Lembre-se de uma expressão de C. Torres Pastorinho: "Embora sozinho, continue a caminhada! Se todos o abandonarem, prossiga sua jornada. Se as trevas crescerem ao seu redor, mais uma razão para que você mantenha acesa a pequenina chama da fé. Não deixe que sua luz se apague, para que você mesmo não fique nas trevas. Ilumine, com sua luz, as trevas que o circundam"

(DANTAS, 1977, p. 55), como sugere Bachelard na obra *A chama de uma vela*. Crie ao seu redor uma aura de claridade que irá iluminar as profundezas de sua alma e buscar nela as coisas mais belas e nobres que estão ocultas.

Se não tem como se livrar da solidão, arranje um jeito de conviver com ela. Faça como recomenda aquele adágio popular: "Se você não pode com seu adversário, una-se a ele". Se você não pode com a solidão, una-se a ela e transforme-a em sua grande aliada para desfrutar as coisas boas que a liberdade de estar só proporciona. Se você não sabe como começar, comece lendo a obra de Bachelard supracitada. É um "santo remédio" para desfrutar da solidão, como é toda leitura de um bom livro, toda música agradável aos ouvidos, tudo que nos leve a nos encontrar com nós mesmos. Nunca mate a solidão com coisas banais e vulgares porque, sem saber, você está matando a si próprio.

Quando aprendemos a transformar os momentos de solidão em momentos de aprendizagem e conhecimento, saímos deles mais sábios, mais sociáveis, mais fraternos e, sobretudo, mais felizes. Veja a solidão como necessária para o seu equilíbrio intelectual e emocional.

Nunca confunda os momentos de solidão, de estar só, com isolamento social. O desejo de isolamento social, quando constante, é algo patológico e, como tal, demanda a ajuda de um profissional, assim como o medo exacerbado da solidão também se caracteriza como distúrbio. Tem que haver um equilíbrio entre ambos para que sejam benéficos para a vida. Viva bem os momentos de solidão e eles lhe proporcionarão grande felicidade.

Concluo essa reflexão sobre a solidão com um paralelismo a um texto de Fátima Irene Pinto que diz que a solidão não é a falta de gente para conversar, namorar, passear ou fazer sexo: isso é carência. Solidão, diz ela, não é o sentimento que experimentamos pela ausência de entes queridos que não podem mais voltar: isso é saudade. Solidão não é o retiro voluntário que a gente se impõe, às vezes, para realinhar os pensamentos: isso é equilíbrio. Tampouco é o claustro involuntário que o destino nos impõe compulsoriamente, para que revejamos a nossa vida: isso é um princípio da natureza. Solidão não é o vazio de gente ao nosso lado: isso é circunstância. Solidão é muito mais que isso. Solidão é quando nos perdemos de nós mesmos e procuramos, em vão, pela nossa alma.

6. Regras básicas para conviver em grupo

"Comunidade é o novo nome para o paraíso perdido, mas um paraíso que ainda buscamos, e que esperamos encontrar."

Zygmunt Bauman

Somos seres sociais. Nascemos para viver em grupo. Dependemos uns dos outros. Por mais que tenhamos nossa individualidade, é praticamente impossível vivermos sozinhos, sem que dependamos, em algum momento, de outras pessoas.

O primeiro grupo social que conhecemos é a nossa família, classificada na sociologia como *grupo primário* (PIERSON, 1962, p. 128). Nela aprendemos ou, pelo menos, deveríamos aprender as regras básicas para a vida em sociedade e em comunidade, como o respeito e o amor ao próximo. Na família, aprendemos a conhecer nosso próximo, pai, mãe, irmãos, de modo íntimo e pessoal, e dessas relações se desenvolvem laços sentimentais, fortes e permanentes que nortearão nossa convivência com outras pessoas, fora desse grupo primário.

É nessa primeira comunidade que adquirimos sentimentos de afeto e personalidade humana que nos capacitam a viver em comunidade e em sociedade. Não vamos entrar aqui na árdua discussão sociológica das diferenças entre comunidade e sociedade, até porque muitos já fizerem isso de forma muito eficaz, como Ferdinand Tönnies e Max Weber. Queremos apenas apontar o desafio e a arte de viver em comunidade e como ela é importante, não apenas para a nossa sobrevivência, mas também para a nossa realização como pessoa. Antes, porém, vale destacar algumas das inferências de

Zigmunt Bauman acerca da mesma, porque elas são pertinentes para o que vamos refletir.

Bauman (2003, p. 7) lembra que só a palavra *comunidade* já sugere uma coisa boa. Ela remete a um lugar bom de se estar, um lugar onde se pode confiar no outro, um lugar de segurança. Segundo ele, a comunidade é a promessa "de prazeres e, no mais das vezes, as espécies de prazer que gostaríamos de experimentar mas que não alcança mais" (*idem*). Enfim, um lugar cálido, um lugar confortável e aconchegante. Tudo isso parece utópico, ideal, mas é o que, no fundo, buscamos quando sentimos a vulnerabilidade da vida. Para completar essa imagem da segurança e do conforto, Bauman diz que a comunidade "é como um teto sob o qual nos abrigamos da chuva pesada, como a lareira diante da qual esquentamos as mãos num dia gelado" (*idem*). Buscamos a comunidade porque nela sentimos o amparo que tivemos ou que desejaríamos ter tido na família, no colo materno, na compreensão e no perdão daqueles que nos amam.

Comunidade é o lugar onde se espera amar e ser amado, onde as concorrências e rivalidades são superadas e a tão sonhada felicidade pode se tornar realidade. Muitos procuram a comunidade esperando encontrar nela esses ideais de fraternidade. É fundamentado em valores como esses que se pauta a vida religiosa, uma das mais conhecidas instituições a pregar a vida em comunidade. Por prometer valores tão desejados, como os acima apontados, é que muitos procuram a comunidade religiosa. Procuram-na como um lugar de refúgio ou, como sugere Bauman, como *busca por segurança no mundo atual.*

A comunidade pode ser tudo isso, mas é também lugar de desafio, de afrontamento de pessoas, de diferenças e rivalidades. Por mais que se tenha ideais em comum, a individualidade, a complexidade de cada indivíduo é fator gerador de contendas e disputas. Por mais idealizada que seja a comunidade, ela não deixa de ser uma célula da sociedade e, como tal, reproduz as características da mesma. Portanto, quando optarmos por viver em comunidade, é bom estarmos com os pés bem firmes no chão da realidade e saber que para a comunidade se tornar um lugar bom de se viver, é preciso que cada um faça a sua parte e respeite as diferenças e os limites do outro. Assim, faremos do espaço de vivência comunitária um espaço não apenas de sociabilidade, mas de fraternidade, como pede a convivência desse tipo.

Para viver bem em comunidade, é preciso que haja, entre seus membros, ajuda mútua, solidariedade e companheirismo, como nos mostra a "fábula da convivência". Diz a fábula:

Durante uma glaciação muito remota, quando parte do globo terrestre estava coberto por densas camadas de gelo, muitos animais não resistiram ao frio intenso e morreram, indefesos, por não se adaptarem às condições do clima hostil.

Foi, então, que uma grande manada de porcos-espinhos, numa tentativa de se proteger e sobreviver, começou a se unir, cada um podia sentir o calor do corpo do outro e, todos juntos, bem unidos, agasalhavam-se mutuamente, aqueciam-se, enfrentando por mais tempo aquele inverno tenebroso.

Porém, vida ingrata, os espinhos de cada um começaram a ferir os companheiros mais próximos, justamente aqueles que lhe forneciam calor, aquele calor vital, questão de vida ou morte. Afastaram-se feridos, magoados, sofridos. Dispersaram-se por não suportarem mais tempo os espinhos dos semelhantes.

Mas essa não foi a melhor solução: afastados, separados, logo começaram a morrer congelados. Os que não morreram voltaram a se aproximar, pouco a pouco, com jeito, com precaução de tal forma que, unidos, cada qual conservava uma certa distância do outro, mínima, mas o suficiente para conviver sem ferir, para sobreviver, sem magoar, sem causar danos recíprocos.

Assim, suportaram-se, resistindo à longa era glacial. Sobreviveram.

Desse modo, vemos que, ao viver em grupo, é fácil trocar palavras, difícil é interpretar os silêncios. É fácil caminhar lado a lado, difícil é saber como se encontrar. É fácil beijar o rosto, difícil é chegar ao coração. É fácil apertar as mãos, difícil é reter o calor. É fácil sentir amor, difícil é conter a sua torrente. Tudo isso porque, segundo Bertrand Russel (1957, p. 168), os seres humanos, apesar de acharem vantajoso viver em comunidades, continuam com desejos individuais, o que os leva a se comportarem em vista da satisfação de necessidades ou desejos estritamente pessoais. Por isso, neste capítulo, optei por analisar os indivíduos em relação à organização grupal e comunitária e não ao seu contrário, como sugere Russel. Desse modo, vejo que uma fábula bastante conhecida ajudará a entender o que aqui estamos tratamos. Refiro-me à "*Fábula dos gansos*".

Há uma observação feita por pesquisadores sobre os gansos que se tornou de domínio público e que vale a pena retomá-la para complementar a reflexão sobre a vivência em grupo. Essa observação mostra o senso de companheirismo entre os membros de um bando de aves que faz com que o grupo voe sempre unido, alcançando, com eficácia, os objetivos do deslocamento. Vemos que, a partir do exemplo deste texto, podemos tirar lições para melhorar a convivência em grupo ou comunidade. Essa pesquisa chama atenção para o fato dos gansos voarem em forma de "V". Não é por acaso que eles voam dessa forma. Desse modo, quando um ganso bate as asas, cria um vácuo para o pássaro seguinte. Voando numa formação em "V", o bando inteiro tem o seu desempenho 71% melhor do que se a ave voasse sozinha. Sempre que um ganso sai da formação, sente subitamente a resistência por tentar voar sozinho e, rapidamente, volta para a formação, aproveitando a "aspiração" da ave imediatamente à sua frente. Quando o ganso líder se cansa, muda para trás na formação e, imediatamente, um outro assume o lugar, voando para a posição de ponta.

Os gansos de trás, na formação, grasnam para incentivar e encorajar os da frente a aumentar a velocidade. Quando um ganso fica doente, ferido, ou é abatido, outros dois gansos saem da formação e o seguem para ajudá-lo e protegê-lo. Ficam com ele até que esteja apto a voar de novo ou morrer. Só assim, eles voltam ao procedimento normal, com outra formação, ou vão atrás de outro bando.

Assim também acontece conosco se vivermos, no grupo, a solidariedade. Só agimos dessa forma quando o desejo do indivíduo é o mesmo do grupo, ou seja, quando temos interesses comuns. Viver em comunidade só tem sentido quando temos objetivos comuns. A maior parte dos problemas que surgem na vida comunitária está relacionada a divergências de interesses. Pessoas que compartilham uma direção comum mantêm vivo o senso de comunidade e, assim, podem atingir seus objetivos com mais rapidez e facilidade.

Se tivermos tanta sensibilidade para perceber as necessidades e os objetivos do grupo, quanto a que demonstra o grupo de gansos, permaneceremos em sintonia com os que dirigem as nossas comunidades, grupos, associações ou instituições. Assim, chegaremos mais depressa onde pretendemos ir. Para isso, é preciso que saibamos que, na convivência em grupo ou comunidade, deve sempre acontecer um revezamento de funções, sejam elas tarefas simples, pesadas ou de comando. As pessoas, assim como vemos na fábula dos gansos, são dependentes uma das outras, embora o individualismo inerente ao ser humano tente mostrar o contrário. Precisamos, contudo, nos assegurar de que o nosso "grasno" seja algo encorajador para que, assim, nossa equipe aumente o desempenho. Se nós tivermos bom senso e instinto tanto quanto o dos gansos, também estaremos ao lado uns dos outros nos momentos difíceis.

Existe força, poder e segurança em grupo, quando se caminha na mesma direção, com pessoas que compartilham um objetivo comum. O revezamento é altamente vantajoso quando se necessita fazer um trabalho árduo. Todos necessitam ser reforçados com o apoio ativo e o encorajamento dos companheiros. A solidariedade nas dificuldades é imprescindível em qualquer situação. Portanto, para o bem e o sucesso do grupo, é fundamental que cada um seja como um ganso voando em "V". E precisamos nos lembrar mais frequentemente de dar um "grasnado" de encorajamento e de incentivo, tanto para o nosso líder como para cada membro do grupo, e sermos humildes para nos apoiar uns nos outros.

Porém, existem os que vivem em comunidade não para somar forças, mas para se beneficiar da força de outros. Não existe coisa mais desestimulante para uma comunidade, ou para o líder da mesma, do que ter em seu meio elementos que não colaboram com o "voo" do grupo. Eles são como "parasitas" numa planta. Enquanto a mesma se esforça para arregimentar nutrientes para a sustentação de suas folhas, flores e frutos, os parasitas simplesmente sugam parte desses nutrientes para manter uma vida particular. Alguns não se limitam apenas em usufruir daquilo que a comunidade consegue, chegando a ser verdadeiros empecilhos para o crescimento da mesma, criando problemas que tornam inviável a convivência comunitária.

***

Voltemos à reflexão inicial, sugerida por Jean-Paul Sartre (2005, p. 28), sobre o tema do inferno e os outros. Nós podemos ser para o outro tanto o céu quanto o inferno. Podemos fazer dos nossos espaços de convivência tanto um paraíso quanto um lugar de tormento. O lugar continuará sendo o mesmo, mas as relações, essas sim, fazem a diferença. Cada pessoa, embora não tenha acesso às consciências das outras, pode reconhecer nelas o que têm de igual. E cada um precisa desse reconhecimento.

Por mim mesmo, não tenho acesso à minha essência, sou um eterno *tornar-me*, um *vir-a-ser* que nunca se completa. Só através dos olhos dos outros posso ter acesso à minha própria essência, ainda que temporária. Só a convivência é capaz de me dar a certeza de que estou fazendo as escolhas que desejo. Daí vem a ideia de que o *inferno são os outros*, ou seja, embora sejam eles que, aparentemente, impossibilitem a concretização de meus projetos, dando a impressão que se colocam sempre no meu caminho, não posso evitar sua convivência. Sem eles, o próprio projeto fundamental não faria sentido.

Tudo na vida comunitária gira em torno da suportabilidade e da insuportabilidade do outro, mas, ao mesmo tempo, da trágica constatação da impossibilidade de viver sem o outro. É desse paradoxo que se alimenta a vida em comunidade, onde cada um, à sua maneira, procura por uma espécie de espelho em que possa assegurar-se de si não apenas pelos olhos dos outros, mas também onde possa ver refletida no outro a sua imagem e semelhança. Quando isso não acontece, surgem as divergências, os conflitos, e a comunidade, tida antes como lugar paradisíaco, transforma-se num inferno.

Jean-Paul Sartre, o filósofo existencialista que teorizou sobre o conceito de liberdade em filosofia, dá a entender em sua obra *Entre quatro paredes*, que, muitas vezes, a prisão está dentro de nós, mesmo quando temos liberdade de escolha, como, por exemplo, a de viver em comunidade, onde a minha liberdade termina onde começa a do outro.

Vejamos, a seguir, uma outra fábula que ilustra bem a construção da realidade da vida em grupo, a partir das ações daqueles que dela fazem parte. Nesta, a presença dos outros e os distintos tipos de relações podem fazer dela tanto o paraíso quanto o inferno. Assim é a vida comunitária.

Conta uma lenda que um poeta estava um dia passeando ao crepúsculo em uma floresta, quando, de repente, surgiu diante dele um dos maiores poetas de todos os tempos, Virgílio. O homem tomou o maior susto de sua vida e começou a tremer sem parar.

Virgílio disse ao apavorado colega: "Tua alma está tomada pela covardia, que tantas vezes pesa sobre os homens, os afastando de nobres empreendimentos, como uma besta assustada pela própria sombra". Mas, o destino estava sorrindo para ele, explicou Virgílio, pois tinha sido escolhido para conhecer os segredos do Paraíso e do Inferno.

Utilizando seus poderes místicos, Virgílio transportou o poeta, ainda apavorado com tão insólita experiência, ao velho e mítico rio de águas pantanosas e cinzentas que circundava o submundo: o rio Aqueronte.

Entraram em uma canoa e Virgílio instruiu o poeta para remar até o Inferno, já que Caronte não se encontrava por ali. Quando chegaram, o poeta estava algo surpreso por encontrar um lugar semelhante à floresta onde estavam, e não feito de fogo e de enxofre nem infestado de demônios alados e criaturas nojentas exalando fogo, como ele esperava.

Virgílio pegou o poeta pela mão e levou-o por uma trilha. Logo o poeta sentiu, à medida em que se aproximavam de uma barreira de rochas e arbustos, o cheiro de um delicioso ensopado. Junto com o cheiro, entretanto, vinham misteriosos sons de lamentações e de ranger de dentes. Gritos de mágoa, brigas, queixas iradas em diversas línguas formavam um tumulto que tinha o som de uma ventania. Ao contornarem as rochas, depararam-se com uma cena incomum.

Havia uma grande clareira com muitas mesas grandes e redondas. No meio de cada mesa havia uma enorme panela contendo o ensopado cujo cheiro o poeta havia sentido, e cada mesa estava cercada de pessoas definhadas e obviamente famintas. Cada uma segurava uma colher com a qual tentava comer o ensopado.

Entretanto, devido ao tamanho da mesa e por serem as colheres muito grandes e com cabos três vezes mais compridos do que os braços das pessoas que as usavam, estas ficavam impedidas de alcançar a panela no centro da mesa. Isto tornava impossível, para qualquer uma daquelas pessoas famintas, de levar a comida à boca. Havia muita luta e imprecações, enquanto cada pessoa tentava desesperadamente pegar pelo menos uma gota do ensopado.

O poeta ficou muito abalado com a terrível cena. Fechando os olhos, suplicou a Virgílio que o tirasse dali. Em um momento, eles estavam de volta à canoa e Virgílio orientou o poeta sobre como chegar até o Paraíso.

Quando chegaram, o poeta surpreendeu-se novamente ao ver uma cena que não correspondia às suas expectativas. Aquele lugar era quase exatamente igual ao que eles haviam acabado de visitar. Não havia grandes portões de pérolas nem bandos de anjos a cantar. Novamente, Virgílio conduziu-o por uma trilha onde um cheiro de comida vinha de trás de uma barreira de rochas e de arbustos. Desta vez, entretanto, eles ouviram cantos e risadas quando se aproximaram.

Ao contornarem a barreira, o poeta ficou muito surpreso de encontrar um quadro idêntico ao que eles tinham acabado de deixar: grandes mesas cercadas por pessoas com colheres de cabos desproporcionais e uma grande panela de ensopado no centro de cada mesa. A única e essencial diferença entre aquele grupo de pessoas e o que eles tinham acabado de deixar é que as pessoas deste segundo grupo estavam usando suas colheres para alimentar umas às outras.

Desse modo, vemos que nós é que fazemos os nossos espaços de convivência se tornarem um lugar bom ou ruim de se viver. Tudo depende do nosso comportamento. A comunidade vai ser um lugar de harmonia, paz e alegria se houver solidariedade e compromisso de uns para com os outros. Faça a sua parte. Procure ajudar sempre, mesmo que não perceba retribuição. A arte de viver em grupo ou comunidade é doar-se constantemente. Cuide sempre de seus modos porque eles são importantíssimos para que reine a harmonia e o bem-estar no grupo.

Assim sendo, procure ter sempre um rosto agradável e sorridente e cumprimente antes que os outros lhe cumprimentem. Procure fazer o bem também aos que lhe fazem o mal. Aprenda o nome dos outros, sem se preocupar com o sobrenome. Agradeça sempre, por menor que seja o gesto ou a ação recebida. Procure se lembrar sempre de datas importantes daqueles que convivem com você ou que são do seu círculo de amizade. Elogie as qualidades e os êxitos dos outros. Responda rapidamente aos contatos recebidos, como cartas, chamadas telefônicas, *e-mails*. Ouça sempre com interesse verdadeiro o que a outra pessoa está lhe dizendo. Numa exposição em grupo ou reunião, não grite ou queira impor convicções pela entonação da voz, mas, sim, com argumentos inteligentes. Preste atenção, olhando para quem está falando e evite dispersão ou conversas paralelas enquanto o outro fala. Quando agimos assim, estamos desmerecendo a outra pessoa. Fale bem dos outros e evite críticas ou comentários depreciativos, principalmente se a pessoa a quem se refere não estiver presente. Quando não puder fazer um favor, negue com toda delicadeza e, quando for fazê-lo, diga sim com carinho verdadeiro.

A vida em grupo exige que, a cada dia, revisemos nossa maneira de ser em relação aos outros. Mudar comportamentos que atrapalham a convivência é mais que um gesto de humildade, é um gesto de inteligência. Para isso, precisamos de harmonia nas nossas ações.

Portanto, para nos sentirmos preenchidos na vida em grupo ou comunidade, temos que ser estáveis. Para ser estável, é necessário equilíbrio. O equilíbrio entre ser alegre, e não ser inconveniente. Ser sincero, e não machucar. Ser firme nas ideias, e não arrogante. Ser humilde, e não submisso. Ser rápido, e não impreciso. Ser contente, e não complacente. Ser despreocupado, e não descuidado. Ser amoroso, e não apegado. Ser pacífico, e não passivo. Ser disciplinado, e não rígido. Ser flexível, e não frouxo. Ser comunicativo, e não exagerado. Ser obediente, e não cego. Ser doce, e não melado. Ser moldável, e não tolo. Ser introspectivo, e não enclausurado. Ser determinado, e não teimoso. Ser corajoso, e não agressivo.

7. A arte de viver bem

"Viver muito. Eis a ambição de quase todos.
Poucos, porém, têm ambição de viver bem."

John Hughes

A receita para viver bem não está resumida, simplesmente, em ter posses, bens materiais e riquezas, como pensa a maioria das pessoas. Ao contrário, desvencilhar-se dessas coisas é um grande passo para poder viver bem. Quantas pessoas têm tanto, mas não têm o que é elementar para viver bem, que é a paz e a liberdade.

Foi pensando nisso que resolvi retomar a "receita" para o bem viver de uma senhora de 92 anos, de nome Cacilda. Não a conheci pessoalmente, mas os ensinamentos que deixou me impressionaram. Diz ela que, para o bem viver, devemos jogar fora todos os números não essenciais para a nossa sobrevivência, e isso inclui idade, peso e altura. Devemos deixar que o médico, que é pago para isso, se preocupe com eles. Um conselho infalível que essa senhora nos dá é que devemos dar preferência, em nossos relacionamentos, aos nossos amigos alegres, porque os de *baixo astral* nos puxam para baixo.

Quanto à aprendizagem, a lição dos mais velhos é sempre fundamental. Devemos ficar atentos aos seus ensinamentos. Eles têm muito a nos ensinar com suas experiências de vida. Desse modo, essa senhora diz, no alto de seus anos de sabedoria: "Continue aprendendo. Aprenda mais sobre computador, artesanato, jardinagem, qualquer coisa. Não deixe seu cérebro desocupado. Uma mente sem uso é oficina do diabo. E o nome do diabo é Alzheimer. Pensamos, às vezes, que, para sermos felizes ou termos uma vida de qualidade, precisamos possuir ou fazer coisas sofisticadas. O segredo de uma vida bem vivida está nas pequenas coisas do dia a dia. Por isso, devemos curtir as coisas simples, rir sempre, muito e alto", diz ela. Rir até perder o fôlego. Reservar algumas tardes, simplesmente para ver o entardecer, o pôr do sol, as transformações que acontecem na natureza nesse horário tão bonito. Essa hora do dia tem tanto a nos ensinar. Ela é como uma metáfora da vida.

Quanto às lágrimas e aos sofrimentos, eles acontecem. Aguente, sofra e siga em frente. A única pessoa que acompanha você a vida toda é você mesmo, portanto, viva esses sentimentos intensamente, porque eles são seus. Esteja vivo enquanto você viver. Isso significa prestar atenção nos detalhes, nas pequenas coisas, corriqueiras, porém lindas, que acontecem à nossa volta. Esteja sempre rodeado daquilo que você gosta: pode ser família, animais, lembranças, músicas, plantas, um *hobby*, o que for.

Seu lar é seu refúgio e ele deve ser um lugar prazeroso, bom de estar. O filósofo Gaston Bachelard (2003, p. 105), em seu livro *A poética do espaço*, tem uma linda metáfora do lar. Ele compara o lar a um ninho, isto é, lugar de aconchego, segurança, tranquilidade. Ninho, para Bachelard, representa "uma cálida e doce morada. É uma casa de vida". O bem-estar em casa nos devolve, segundo ele, à "primitividade do refúgio". Faça do seu lar, no sentido dado por Bachelard, um ninho, um espaço onírico, onde os sonhos possam fluir porque a vida também é feita de sonhos, e o lar, a casa, deve ser o espaço em que damos asas à nossa imaginação. Segundo Bachelard, "a casa, como o fogo, como a água, nos permitirá evocar, na sequência de nossa obra, luzes fugidias de devaneios que iluminam a síntese do imemorial com a lembrança" (BACHELARD, 2003, p. 25).

Sobre a saúde, se for boa, preserve-a. Faça caminhada, dance, vá a festas. Se sua saúde está estável, procure melhorá-la. Se ela está abaixo desse nível, peça ajuda. Não tenha receio ou vergonha de pedir ajuda. Saiba se valorizar e lembre que, se você se ama, qualquer esforço em prol de sua saúde vale a pena. Se você não se ama o suficiente, procure trabalhar a autoestima. Não faça viagens de remorsos. Viaje para o *shopping*, para a cidade vizinha, para um país estrangeiro, mas não faça viagens ao passado. Diga a quem você ama, que você realmente o ama, em todas as oportunidades. Lembre-se sempre de que a vida não é medida pelo número de vezes que você respirou, mas pelos momentos em que você perdeu o fôlego de tanto rir, de surpresa, de êxtase, de felicidade. Ria de todas as coisas, inclusive de você mesmo. São mais felizes as pessoas que têm capacidade de rir de si mesmas.

Içami Tiba diz para não exigirmos dos outros o que eles não podem nos dar, mas que devemos cobrar de cada um sua responsabilidade. Portanto, não deixe de usufruir o prazer, desde que não faça mal a ninguém. Não pegue mais do que precisa, mas lute por seus direitos. Não olhe as pessoas só com seus olhos, mas olhe-se também com os olhos delas. Não fique ensinando sempre, você pode aprender muito mais. Não desanime perante o fracasso, supere-se e transforme-o em aprendizado. Não se aproveite de quem se esforça tanto, ele pode estar fazendo o que você deixou de fazer. Não estrague um programa diferente com seu mau humor, descubra a alegria da novidade. Não deixe a vida se esvair pela torneira, pode faltar aos outros...

O amor pode absorver muitos sofrimentos, menos a falta de respeito por si mesmo! Se você quer o melhor das pessoas, dê o máximo de si, já que a vida lhe deu tanto. Enfim, agradeça sempre, pois a gratidão abre as portas do coração.

Vejamos outras instruções que poderão servir para toda a vida. Veja se alguma delas ajuda você a viver melhor:

- *Leve em consideração que grandes amores e conquistas envolvem grandes riscos.*
- *Mesmo que você perca, não perca a lição.*
- *Siga os três Rs: Respeite a si mesmo; Respeite os outros; Responsabilidade por todas suas ações.*
- *Lembre-se de que não conseguir o que você quer é, algumas vezes, um grande lance de sorte.*
- *Aprenda as regras de maneira a saber quebrá-las da forma mais apropriada.*
- *Não deixe uma disputa por questões menores ferir um grande amigo.*
- *Quando você perceber que cometeu um erro, tome providências imediatas para corrigi-los.*
- *Passe algum tempo sozinho todos os dias.*
- *Abra seus braços para mudanças, sem abrir mão de seus valores.*
- *Lembre-se de que o silêncio é, algumas vezes, a melhor resposta.*
- *Viva uma vida boa e honrada. Assim, quando você ficar mais velho e pensar no passado, poderá obter prazer uma segunda vez.*
- *Uma atmosfera de amor em sua casa é o fundamento para a sua vida. Em discordâncias com entes queridos, trate apenas da situação corrente.*
- *Não levante questões passadas.*
- *Compartilhe o seu conhecimento. Esta é uma maneira de alcançar a imortalidade.*
- *Seja gentil com a Terra.*
- *Uma vez por ano, vá a algum lugar que você nunca foi antes.*
- *Lembre-se de que o melhor relacionamento é aquele em que o amor mútuo excede a necessidade de amor de cada um.*

- *Julgue o seu sucesso por aquilo que você teve que abrir mão para conseguir.*
- *Entregue-se total e irrestritamente ao amor à cozinha.*
- *Não guarde mágoas. A vida é curta demais para dar satisfação ao rancor.*

Charles Chaplin dizia que, ao acordarmos de manhã, é função nossa escolher que tipo de dia iremos ter. Podemos reclamar porque está chovendo ou agradecer às águas por lavarem a poluição. Podemos ficar tristes por não ter dinheiro ou nos sentirmos encorajados para administrar o que temos, evitando desperdícios. Podemos reclamar de nossa saúde ou dar graças por estarmos vivos. Podemos nos queixar de nossos pais por não terem dado tudo o que queríamos ou podemos ser gratos por termos nascidos. Podemos reclamar por ter que ir trabalhar ou agradecer pelo trabalho. Podemos sentir tédio com o trabalho doméstico ou agradecer a Deus por ter um teto para morar. Podemos lamentar decepções com amigos ou nos entusiasmarmos com a possibilidade de fazer novas amizades. Se as coisas não saírem como planejamos, podemos ficar felizes por ter mais um dia para recomeçar.

Portanto, pela manhã, o dia está à nossa frente, esperando para ser o que nós queremos que ele seja. Nós somos o escultor que pode dar forma ao dia. Tudo depende de nós. Como dizia Phil Bosmans, o importante é não começarmos o dia com os espinhos de ontem. O dia de ontem e todos os dias e anos anteriores já passaram. Estão enterrados no tempo. Não podemos mudá-los em mais nada. Se ficaram marcas, mágoas, espinhos de ontem em nós, não devemos arrastá-los conosco porque, se assim fizermos, eles continuarão ferindo-nos a cada dia, não permitindo que vivamos bem. Para viver bem, precisamos saber nos livrar das amarras do passado e desfrutar das coisas do presente, procurando, a cada dia, sermos melhores.

Recebi de um amigo uma mensagem que resume o que significa a arte de viver bem. O texto, de autor desconhecido, diz assim: "*nunca esqueça que existem quatro coisas na vida que não se recuperam: a pedra, depois de atirada; a palavra, depois de proferida; a ocasião, depois de perdida: o tempo, depois de passado*".

Um padre, amigo meu, contou-me que tinha uma conhecida que sempre que ia visitá-la, ela falava que a vida estava pesada, que não aguentava mais, que não via a hora de desaparecer do mapa, que os seus filhos só lhe davam problemas, que seu esposo era um insensível, que as pessoas só se aproximavam dela de modo interesseiro. Disse que era horrível ouvi-la falar do abandono dos filhos. Certa vez, ele resolveu falar-lhe o que ele sentia e lhe disse: "sabe, eu também tenho muitas dificuldades em visitá-la, pois você está muito amarga e infeliz. O problema é seu e não está nos outros, não". Ela esbravejou, justificou-se e disse que tinha era que morrer mesmo. Passados uns tempos, ela foi ao médico e o seu especialista falou-lhe que tinha apenas 1% de chance numa cirurgia obrigatória. A mulher chamou o padre para falar: "eu não queria morrer tão cedo, acho a vida tão boa, não quero morrer, me ajuda, por favor". Então, o padre lhe disse que se lembraria muito dela, caso a mesma viesse a falecer. Disse que levaria flores ao cemitério, rezaria missas na sua intenção. Ao que ela respondeu: "eu não quero nada disso! Eu quero é viver, viver". Disse o padre que a partir daí ela passou a ter uma melhora significativa. Mudou a qualidade de vida de tal maneira que até mesmo a cirurgia, que era necessária, tornou-se desnecessária. Dessa experiência, ele concluiu que, quando a vida está ameaçada, a gente sabe valorizá-la melhor.

Aprendamos, pois, que nem sempre temos outra chance para sermos felizes. O que nós realizamos de bom, hoje, está realizado. O que nós deixamos de realizar, talvez nunca mais possamos fazer. Porque na vida só se vive uma vez e viver não é sobreviver, mas é arte e uma ação fantástica. Percebemos, com esse relato, que para se ter uma vida saudável, basta alguns recursos simples. É isso que encontramos na mensagem seguinte, de um autor desconhecido, sobre aprender a viver:

Temos que aprender que se aprende errando.
Que crescer não significa fazer aniversário.
Que o silêncio é a melhor resposta quando se ouve uma bobagem.
Que trabalhar significa não só ganhar dinheiro.
Que amigos a gente conquista, mostrando quem somos.
Que os verdadeiros amigos sempre ficam conosco até o fim.
Que a maldade se esconde atrás de uma bela face.
Que não se deve esperar a felicidade chegar, mas sim procurar por ela.
Que, quando pensamos saber de tudo, vemos que ainda não aprendemos nada.
Que a natureza é a coisa mais bela na vida.
Que amar significa se dar por inteiro.
Que um só dia pode ser mais importante que muitos anos.
Que se pode conversar com as estrelas.
Que se pode confessar com a Lua.
Que se pode viajar além do infinito.
Que ouvir uma palavra de carinho faz bem à saúde.
Que dar um carinho também faz bem.
Que sonhar é preciso.
Que se deve ser criança a vida toda.
Que nosso ser é livre.
Que o que realmente importa é a paz interior.
E, finalmente, aprendemos que não é preciso morrer para aprendermos a viver.

Desse modo, para viver bem é preciso seguir dez regras básicas:

A primeira delas é não se preocupar. De todas as atividades humanas, preocupar-se é a menos produtiva.

A segunda é não se deixar dominar pelo medo, porque a maior parte das coisas que tememos nunca acontece de fato.

A terceira regra é não guardar rancor. Ele é uma das cargas mais pesadas da vida e nenhuma pessoa rancorosa vive bem.

A quarta é enfrentar um problema de cada vez. Seja como for, só poderá tratá-los um por um. Desse modo, se estressar, querendo resolver todos juntos, é sinônimo de desgaste e de má qualidade de vida.

A quinta regra, também muito importante, é não levar problemas para a cama. Problemas são maus companheiros do sono.

A sexta regra é não comprar os problemas dos outros. Lembre-se de que as pessoas podem lidar com eles melhor do que você.

A sétima regra é não reviver o passado. Ele já passou. Concentre-se no que se passa na sua vida e seja feliz agora.

A oitava regra é ser um bom ouvinte. Só quando escutamos, obtemos ideias diferentes das nossas.

A nona regra é não se deixar abater pelas frustrações. A autocompaixão só interfere com as ações positivas.

A décima e última regra é contabilizar as coisas boas. Porém, não esquecer das pequenas. A somas das pequenas coisas boas formam as grandes.

8. Recursos simples para se ter uma vida saudável

"A arte da vida consiste em fazer da vida uma obra de arte."

Gandhi

Para ter uma vida saudável e viver bem, não são necessários muitos recursos. Basta dar um pouco mais de atenção às situações, oportunidades ou coisas que estão ao alcance de nossas mãos e saber aproveitá-las da maneira correta. Desse modo, elas podem se transformar em benefício para a nossa vida. A maioria das pessoas tem possibilidade disso, mas, muitas vezes, não se dá conta da importância de certos cuidados diários para que isso ocorra e acabam extrapolando em coisas ou situações que resultam em desconforto ou, até mesmo, malefícios para a vida. O que não temos, muitas vezes, é discernimento do que é benéfico ou maléfico, ou não fomos educados adequadamente para agir e reagir com o que temos e com o meio em que vivemos. Muitas vezes até temos noção de certos valores, mas acabamos agindo movidos por facilidades ou pela rotina, ou ainda, por contingência, forças das circunstâncias, acomodação ou por influência dos meios de comunicações ou mesmo por vícios ou desinteresse. São muitos os fatores que nos fazem agir de forma inadequada e, com isso, perdemos grandes oportunidades de tornar a vida melhor.

O objetivo deste capítulo é realçar alguns cuidados básicos da vida diária para que o viver seja, de fato, como sugeriu Gandhi, uma obra de arte, algo mais prazeroso, e que a vida não se restrinja a atos mecânicos de cumprimento de necessidades biológicas, como comer, beber, etc., ou de costumes sociais como pentear os cabelos, colocar sapatos ou vestir-se, ou ainda, de hábitos diários, como acordar de manhã, escovar os dentes, tomar banho, ou mesmo, viver em função das obrigações ou encargos sociais como estudar, trabalhar, pagar impostos, contas, adquirir bens de consumo. Enfim, tantos hábitos, obrigações e preceitos que a vida acaba por se transformar numa simples execução de tarefas ou obrigações e, com isso, esquecemo-nos de viver, de cuidar da vida e de desfrutar de todos os momentos, independente de qual seja a ação que estamos praticando. Cada ação, gesto ou atividade que fazemos, é parte integrante da nossa vida e deve ser vivido em plenitude. Descobrir as coisas boas da vida nesses momentos é o grande desafio para viver bem.

Desse modo, as recomendações dadas aqui são as seguintes: primeiramente, faça uma coisa de cada vez e se concentre naquilo que está fazendo. Quando fazemos algo e estamos com o pensamento voltado para o que vamos fazer em seguida ou naquilo que planejamos para o decurso do dia, não estamos vivendo aquele momento. Isso fará com que, no próximo ato, nosso pensamento já esteja no seguinte e, assim, sucessivamente, vamos vivendo sem de fato viver. Dessa forma, no final do dia, teremos passado por ele, porém as ações não foram usufruídas. Isso porque preferimos vivê-las de forma idealizada, sem sintonia com a realidade, por antecipação. Devemos aprender que o que vivemos por antecipação não é real, é apenas projeção da memória, portanto, não é viver. Essa recomendação não é apenas para os acontecimentos mais significativos, mas, também, para todas as nossas ações, inclusive as mais corriqueiras e as que citamos acima. Como fazer isso? Simples. Seja uma pessoa organizada. Planeje tudo o que vai fazer durante o dia e a noite e faça cada coisa em seu tempo e lugar, com dedicação exclusiva. A atividade planejada não necessita de preocupação antecipada. E o que fazer com os acontecimentos não planejados, os imprevistos, etc.? Simples. Siga a mesma orientação. Viva-os do modo como eles surgiram na sua vida. Mesmo que voltem a se repetir, eles serão singulares. Ao se repetirem novamente, eles serão semelhantes, porém já não serão os mesmos e nem você será a mesma pessoa, pois já estará vivendo um outro momento da sua vida.

De manhã, quando você tiver que se levantar às sete horas, desperte às seis, assim você terá uma hora para desfrutar do aconchego da cama. Sinta, nessa hora, como é bom ter uma cama para repousar. Aproveite essa hora para refletir, meditar, pensar nas coisas que irá fazer durante o dia, ou, simplesmente, não pense em nada, apenas viva esse momento. Você poderá, nesse horário, ouvir uma música que seja do seu agrado, ouvir um pouco a sua estação de rádio preferida ou ler algo bom. A manhã é um ótimo horário para leituras, por isso, deixe sempre um bom livro na cabeceira. É nesse período que a cabeça está descansada e, assim, tudo o que lermos será assimilado de modo mais eficaz. Pode ter certeza de que agindo assim você se levantará mais disposto, estará mais bem-humorado e, com isso, seu dia será mais prazeroso. Com bom humor, você fará também a vida dos que o cercam mais bem-humorada e agradável e, assim, sem que você se dê conta, estará espalhando a felicidade e o bem-estar no mundo. Pessoas alegres contagiam as outras e tudo à sua volta fica mais belo. Não há nada mais desagradável do que despertar atrasado para o trabalho ou para outros compromissos e ter que fazer tudo com atropelo. Esse tipo de comportamento é amigo do mau-humor. Despertar em cima da hora ou atrasado para as atividades do dia é próprio de quem não está preocupado em ter uma vida com qualidade. Quando isso ocorre, a tendência é fazermos tudo de qualquer jeito, desde um simples ato de escovar os dentes até a maneira como nos apresentamos no compromisso. A vida fica mais feia e sem encanto porque os nossos atos são causadores desse desencanto. Conhecemos verdadeiramente uma pessoa pelo modo como ela lida com seus afazeres diários.

O que fazer quando temos dificuldade de acordar no horário certo pela manhã? Simples. Siga o conselho dado e coloque o relógio para despertar bem antes do necessário. Uma outra dica é não ir dormir muito tarde. Acostume-se a dormir mais cedo e sempre no mesmo horário, fazendo com que seu sono não seja inferior a seis horas. Quem tem hábito de dormir muito tarde tem também dificuldade para acordar cedo. Como hábito é coisa adquirida, uma questão de treino, podemos mudá-lo, basta querer. Para beneficiar a nossa vida, vale qualquer esforço, portanto, tente. E se temos insônia, o que fazer? Na maior parte das vezes, a insônia é causada por hábitos irregulares que prejudicam o sono. Procure ter sempre a mesma hora para dormir porque, quem tem hora para dormir, tem hora para acordar, sem que, com isso, o sono seja prejudicado. Nosso relógio biológico funciona adequadamente quando o educamos assim. Pessoas que não são educadas nos seus hábitos corriqueiros são as que mais apresentam distúrbios, seja no sono ou em outras atividades do organismo. Desse modo, evite dormir durante o dia, exceto se você já adquiriu o hábito da sesta após o almoço. Quem, a cada noite, costuma dormir em horários diferentes é um candidato a ter insônia em algum momento da vida, se ainda não a tem. Dormir muito cedo também é um fator de insônia. Isso ocorre, geralmente, com as pessoas mais idosas. Muitos, na velhice, adquirem o hábito de dormir no começo da noite. Como, nessa idade, nosso organismo não necessita de muito tempo de sono, a pessoa que dorme muito cedo, ao chegar no meio da noite, já estará desperta porque o corpo já dormiu o necessário. Desse modo, aquele que seria o melhor horário para dormir, acaba sendo passado às claras porque o sono foi esgotado na primeira parte da noite. Esse costume gera um ciclo vicioso, de difícil controle, porque quem dorme dessa forma vai ter sempre sono durante o dia e, principalmente, no começo da noite, quando o corpo estará totalmente tomado pelo cansaço e pelo sono. Uma noite bem dormida é garantia de um dia tranquilo e de boa disposição. Para isso, evite exageros à noite, tanto de comida quanto de bebidas. Até mesmo excesso de água pode atrapalhar uma boa noite de sono, porque ela terá que ser expelida no meio da noite, interrompendo, assim, o sono. Antes de dormir não faça exercícios físicos exagerados e evite álcool ou cigarros. Uma meia hora de leitura é recomendável, porque, além de ajudar a relaxar, desviará de possíveis preocupações do dia. Recomendo leituras leves, agradáveis, como as crônicas de Rubem Alves ou as prosas de Adélia Prado.

Depois de uma boa noite de sono, você despertará mais disposto. Assim, poderá executar as atividades com mais calma e dedicação, e de forma mais concentrada. Um banho tranquilo ajudará a preparar para as atividades do dia. Faça também alguns alongamentos. Eles ajudarão a colocar no lugar um corpo que ficou por várias horas, durante a noite, numa mesma posição. O simples hábito de escovar os dentes de manhã deve ser feito com calma, seguindo as recomendações do seu dentista. Não tenha pressa para isso. Faça tranquilamente, pensando em cada movimento. Depois, coloque a roupa que você se sente bem. Um pouco de perfume também ajuda. Nada de exageros, porque perfume muito forte pela manhã causa náuseas em muitas pessoas. Calcule o tempo suficiente para que você possa tomar seu café da manhã com calma, sem atropelos. Lembre-se de que essa é a refeição mais importante do dia, portanto, prime pelo hábito de um bom café da manhã. Saboreie cada coisa e desfrute da companhia se a tiver. Fale de coisas boas, valorize quem estiver do seu lado. Uma manhã harmoniosa é garantia de um dia tranquilo. Enfim, a cada manhã, precisamos levantar com nova provisão de bom humor, de vontade firme, de satisfação íntima e, assim, durante todo o dia viveremos o reflexo dessa manhã.

Ao ir para o trabalho, esteja no trajeto de corpo e alma. Se o mesmo for longo, vá observando as coisas que encontra pelo caminho. Há tantas coisas bonitas por onde passamos todos os dias, mas que nem sempre percebemos porque caminhamos, dirigimos ou estamos nos meios de transportes absortos em pensamentos que nos retiram daquele lugar real. Chamamos isso de fuga da realidade. Este recurso pode ser usado em momentos de desconforto, como, por exemplo, quando estamos na cadeira do dentista, numa mesa de cirurgia ou em algum outro momento que cause medo ou dor, mas não sempre. Nos momentos corriqueiros da vida, devemos estar atentos ao que está se passando conosco e à nossa volta. Tudo se torna um motivo de aprendizagem e crescimento quando desenvolvemos um olhar atento. O mesmo procedimento deve ocorrer durante o trabalho ou qualquer outra atividade. Devemos estar ali de corpo e mente, vivendo cada gesto, ação, encontro com os outros. Tudo se torna mais agradável quando desenvolvemos esses pequenos rituais na nossa vida. Portanto, quando se dirigir para o seu trabalho, faça-o de coração alegre, dizia Torres Pastorinho. Lembre-se também de que o trabalho que executamos, por menor que pareça, é digno de nós, e é de suma responsabilidade tanto para nós quanto para o mundo. Assim, dizia ele: "chegue ao local de trabalho com o coração feliz; e o trabalho se tornará um passatempo, um estimulante, que lhe trará, cada novo dia, imensas alegrias e felicidade incalculável" (DANTAS, 1977, p. 128).

Durante a refeição, faça dessa ocasião um ensejo de prazer. Prazer pelo alimento que está sendo consumido, pela presença dos outros e por tudo que uma refeição representa na nossa vida. Quantas vezes a hora da refeição se transforma em mera obrigação para a sobrevivência. Quantas vezes comemos de forma apressada, como comem os animais, sem perceber o que comemos e como comemos. Às vezes, nem percebemos a presença do outro que se senta ao nosso lado para partilhar da mesma refeição. O momento da refeição deve ser algo sagrado, tempo de satisfação e de confraternização. Tempo em que nos saciamos não apenas de comida e bebida, mas, sobretudo, da presença do outro ou dos outros que se acercam à mesa conosco. O ritual da refeição é um ritual que nos aproxima não apenas de pessoas, mas também da própria divindade.

Em muitas religiões, as divindades se manifestam aos humanos em momentos de refeição, de ceia, de eucaristia. Na *Bíblia*, no Antigo Testamento, Deus mostra sua presença durante a travessia do deserto, enviando aos retirantes o *maná*. No Novo Testamento, Jesus se revela aos discípulos em diversos momentos de refeição, sendo que a Última Ceia é o momento mais conhecido. Na tradição cristã, o divino se oferece aos humanos como alimento e pede que os humanos façam o mesmo, partilhando não apenas seu alimento, mas seus dons, sua vida e sua presença. Que as nossas refeições sejam momentos de nos alimentarmos também da presença dos outros e, assim, com a nossa presença, sermos motivo de alimentação da alegria dos demais. É uma troca mútua necessária à vida. Por isso, não faça dos seus momentos de refeição apenas um cumprimento de obrigações biológicas e sociais. Faça delas momentos de intenso prazer. Então, coma devagar, mastigue bem os alimentos, sinta o gosto de cada coisa. Pense no processo de produção e preparação da mesma para que ela chegasse até você. Tantas coisas e pessoas foram envolvidas para que esse momento chegasse até você. É um profundo descaso ou desrespeito fazer uma refeição de qualquer jeito. Veja o filme *A festa de Babete* e descubra o valor ritual das refeições. Depois de assistir a um filme como esse, nunca mais faremos refeições do mesmo jeito.

Após as refeições, há vários modos de continuar assimilando o ritual do intervalo para o almoço. Uns preferem caminhar, outros optam por um momento de descanso, a sesta. O mais importante é adaptar seu corpo àquilo que lhe faça sentir melhor nesse horário. Evite ficar diante de computadores nessa hora. Nossos olhos e nossa cabeça também precisam de descanso e, após as refeições, é o melhor horário para essa pausa. Leituras também não são recomendadas nesse horário. Aproveite para conversar com amigos, estar, de forma descontraída, com pessoas agradáveis. Isso lhe fará muito bem e, assim, terá um período com boa disposição. Evite comer em excesso durante o almoço, para que sua tarde não seja sonolenta. Enfim, alimente-se e descanse o necessário para que tenha uma tarde de trabalho tranquila e sem consequências desagradáveis ao seu desempenho profissional.

Ao término das atividades diárias, retorne para casa com a alegria da missão cumprida. Pelo caminho, siga as mesmas instruções dadas para a ida. Em casa, procure desfrutar dos momentos que a ocasião lhe apresenta, como o prazer de um agradável banho. Se for ficar em casa à noite, coloque uma roupa confortável e curta a família, os filhos, se os tiver. Tolstói dizia que "a verdadeira felicidade está na própria casa. Entre as alegrias puras das crianças e o carinho da pessoa amada, é que somos felizes" (DANTAS, 1977, p. 186). Se você vive só, ouça uma boa música, assista a um programa de sua preferência ou saia com os amigos para comer fora. Nada mais agradável que a certeza de ter feito tudo da melhor maneira. Agindo assim, você estará cultivando a paz no coração, os bons momentos, as boas companhias e, sobretudo, a confiança de estar agindo corretamente.

Por fim, terá uma noite tranquila e um novo dia repleto de alegria. Lembre-se: cultivar a alegria custa menos que a tristeza e traz melhores resultados. Aprenda a viver contente em toda e qualquer ocasião, porque a alegria dissipa as nuvens mais escuras que possam apresentar-se em seu caminho.

Tudo o que foi apontado acima parece, a princípio, banal e corriqueiro, coisas que, de uma forma ou de outra, iriam acontecer. Mas não é bem assim. Os nossos atos cotidianos são atos que fazem parte da nossa vida e, se não forem vividos na sua plenitude, atentos aos prazeres que eles escondem, acabamos por nos tornar seres mecânicos, que agem apenas por necessidade. Descobrir o agradável tanto naquilo que é necessário quanto no que é desnecessário, porém, útil no dia a dia, eis a receita para se ter uma vida saudável.

Durma tranquilo e, ao acordar, tenha sempre o propósito de ser, neste novo dia, melhor do que ontem. Pense que o amanhã será melhor que hoje e, assim, sua vida terá grande objetivo. Zele pelas coisas que tem, por mais simples que elas sejam, porque quem não sabe zelar pelo que tem, não pode reclamar aquilo que não possui. Busque sempre seus direitos, porém, antes disso, examine até onde você cumpriu seus deveres, porque só há duas maneiras perenes de se ter alegria verdadeira: o bem realizado e o dever cumprido. Como diz um adágio popular: "cumpra sempre os teus deveres com justiça e retidão. Depois da missão cumprida, andarás de fronte erguida com prazer no coração" (DANTAS, 1977, p. 45).

9. Sugestões eficazes para driblar a depressão

"É parte da cura o desejo de ser curado."

Sêneca

Nas últimas décadas, muito se ouviu falar de depressão. Parece uma doença nova, que surgiu no fim do século XX e que a cada dia atinge mais e mais pessoas, mulheres na sua maioria, segundo dados estatísticos. O que está por trás desse aumento dos casos de depressão? Quais suas causas? Por que antigamente quase não se ouvia falar de depressão e hoje há tanta gente atingida por esse mal? Essas e tantas outras perguntas invadem nossa cabeça quando nos deparamos com alguém vivendo essa situação de "noite escura da alma", como dizia São João da Cruz. As respostas não são tão simples e elas devem ser dadas por diversos tipos de profissionais, principalmente da área médica, já que a depressão é considerada hoje uma doença e não mais melindre, como muitos, até bem pouco tempo, pensavam que fosse. O que se sabe é que é uma doença não apenas física, mas, sobretudo, da *psique*, por isso, o especialista que trata de pessoas acometidas de depressão é o psiquiatra. Sabe-se que a depressão existe há muito tempo, porém, antigamente ela não era conhecida por esse nome. Havia outros nomes e outras formas de se relacionar com ela, dependendo da sociedade e da época. Veremos, mais adiante, alguns casos clássicos de depressão e o que algumas dessas pessoas acometidas desse sentimento produziram para a sociedade. Parece contradição tal afirmação, mas é isso mesmo. Dependendo do tipo de depressão e da canalização que se faz dessa situação, é possível produzir coisas surpreendentes. Voltaremos a este assunto mais à frente.

O que propomos aqui não é nenhuma receita mágica para curar a depressão, mas, sim, algumas estratégias ou recursos que, se executados corretamente e com empenho, podem driblar os sintomas da depressão e ajudar no processo de recuperação. Antes, porém, faremos algumas digressões acerca do tema. A palavra depressão significa uma situação ou condição de diminuição, de redução do eu. Sentimos que tudo e todos que estão à nossa volta parecem também reduzidos à sua insignificância mais profunda. Até as pessoas mais importantes ficam desencantadas, e aquilo ou aquelas situações que antes eram motivo de alegria, perdem seu significado mágico. O mundo se torna cinza e, das entranhas mais profundas, brotam sentimentos de medo, desesperança e fragilidade. A vida perde seu colorido habitual e, com isso, corre-se o risco de não querer viver mais porque "isso não é vida", diz Jean-François Catalan (2002, p. 9). Sobressai apenas o lado negativo da vida, cansando a pessoa de lutar para superar os obstáculos que, nessa condição, parecem muito maiores do que realmente são. Às vezes, mesmo que tente lutar, o mundo parece hostil, medonho, gera angústia e desesperança. Nos casos mais graves, as pessoas pensam ou chegam mesmo a atentar contra a própria vida, porque, segundo Catalan (2002, p. 15), a pessoa deseja a morte "e o suicídio surge, mais ou menos confusamente, como uma saída". Num estágio mais avançado da doença, muitos pensam que só a morte é a solução, e outros, ainda, buscam a morte porque não encontram mais sentido na vida. Essas são algumas das inúmeras constatações que tive a oportunidade de fazer durante o acompanhamento de pessoas deprimidas. A maioria partilhou sentimentos similares aos que citamos, por isso fizemos essa relação dos sentimentos mais comuns de uma pessoa deprimida.

Nesses anos todos de acompanhamento espiritual, foi possível constatar também que a depressão não escolhe classe social, mas existem faixas etárias mais vulneráveis a ela, como as de transição mais intensa como a adolescência e a menopausa, no caso das mulheres. Nos homens, ela aparece diante de uma situação de grande perda, como desemprego, morte de familiares e desestrutura familiar. Independente da causa ou das circunstâncias, o fato é que ela vem quando menos se está preparado, ou seja, nos momentos de vulnerabilidade emocional. O que fazer quando isso ocorre?

O primeiro conselho é que, como toda doença, deve-se procurar tratamento o mais rápido possível. Seja qual for a enfermidade, quando detectada no início, tudo se torna mais fácil. O maior problema é que a maioria das pessoas com depressão só vai descobrir que, de fato, está deprimida, quando a doença já está num estágio bem avançado. Mesmo assim, há muita resistência no tratamento, principalmente pela associação da mesma com loucura, uma vez que o médico a ser procurado é o psiquiatra. Um outro agravante é a falta de motivação para procurar tratamento. O doente, geralmente, não tem iniciativa, e os familiares, por sua vez, esperam que ela passe assim como chegou, como se fosse um resfriado. Enquanto isso, a pessoa deprimida vê seus dias passarem por um túnel escuro que parece não ter mais fim.

Foi diante dessas constatações e da sensação de impotência diante da pessoa deprimida que me surgiu a ideia de fazer algo que fosse além de ouvi-las e abençoá-las. Algo que pudesse ajudá-las a superar tanto sofrimento, ou, ao menos, amenizar a dor, "ou a ausência de dor" daquelas que, diariamente, me procuravam, como se o seu sofrimento fosse somente um problema espiritual. Fui pesquisar o que era, de fato, a depressão e quais os tratamentos recomendados. Confesso que encontrei poucas coisas que eu pudesse fazer nessa área. O que me chamou a atenção foi que quase todos os artigos e pesquisas sobre o assunto acentuavam a ajuda do próprio paciente no processo de recuperação e insistiam na mudança de rotina daqueles que apresentassem um quadro de depressão. Partindo desse pressuposto, sem contraindicação, e valendo dos meus conhecimentos sociológicos e antropológicos, passei a recomendar àqueles que me procuravam algumas mudanças comportamentais. O resultado foi surpreendente. Muitos que apresentavam um quadro crônico de depressão começaram a dar sinais de melhora, e outros, que ainda estavam num estágio inicial da doença, superaram mais facilmente a mesma. Aponto aqui algumas dessas recomendações, concentradas em dez passos, que poderão ser úteis para muitos que passaram ou estão passando por esses problemas.

Primeiro passo: *detectar a doença e querer se tratar*. Esse talvez seja o passo mais difícil, uma vez que a depressão não chega de um dia para o outro. É um tipo de enfermidade processual, isto é, que vai, aos poucos, se apoderando da mente e do corpo da pessoa, sem que ela perceba de imediato. Os sintomas são muitos e, no início, é comum confundi-los com cansaço, preguiça, estresse e até por enfraquecimento ou perda da fé. Se esses sintomas persistirem por mais de um mês, procure um médico. Segundo Jean-François Catalan, "um médico competente, um bom psicoterapeuta, psiquiatra ou analista são recomendados. Não se deve renunciar a eles. Mas isso seria tudo? Para chegar a essa decisão de 'ir ao médico', não seria preciso, primeiro, querer se curar? Um primeiro ato de vontade não seria indispensável? E não reside aí, como vimos, toda a dificuldade?" (CATALAN, 2002, p. 62). Portanto, assumir que se está doente e querer se tratar é o primeiro e talvez o mais importante passo para a recuperação.

Segundo passo: *tratamento médico*. Por se tratar de uma enfermidade, a depressão precisa ser tratada com medicamentos e quem pode receitá-los é apenas o médico. Depois de examinar o paciente e ter o devido diagnóstico, ele receitará o medicamento adequado para controlar os sintomas e auxiliar no processo de recuperação. Aqui entra a parte mais importante do tratamento: a ajuda do próprio paciente.

Terceiro passo: *a autoajuda*. O medicamento é muito importante, mas ele será ineficiente se não houver uma resposta positiva da parte do paciente. Portanto, nessa fase do tratamento, a pessoa precisa buscar forças para fazer algumas mudanças comportamentais na sua vida e procurar evitar todas as situações que possam levar ao agravamento da doença, como: ficar muito tempo dentro de casa ou do quarto, estar com pessoas em situação parecida ou que não demonstrem alegria em viver, como, por exemplo, as agressivas, mal-humoradas ou tristes. É muito bom estar com pessoas quando estamos nessas condições, mas pessoas que nos animem. Jean-François Catalan lembra que não é bom, nessas condições, ficar sozinho. Diz ele, "não ficar sozinho ou sozinha! Encontrar pessoas, falar, trocar ideias. Mas sobretudo, sentir-se acolhido, aceito tal como se é, ouvido, ajudado!" (CATALAN, 2002, p. 68). Além disso, seja paciente. "Toda cura exige tempo, muito tempo. A paciência daquele ou daquela que sofre é colocada a dura prova; é preciso paciência para resistir sem desanimar" (CATALAN, 2002, p. 68).

Quarto passo: *mudança de rotina*. Procure mudar sua rotina. Mude um pouco os horários de levantar e de dormir e, antes disso, procure, por alguns instantes, meditar, ouvir uma música agradável, ler um poema ou fazer uma prece; altere um pouco o horário de fazer refeições e, se puder, coma algo diferente, algo que você há muito tempo não comia ou que você nunca comeu; mude os hábitos corriqueiros do dia a dia, como escovar os dentes, tomar banho, se barbear ou depilar, fazendo-os de forma diferente e com produtos e instrumentos diferentes, novos, que lhe tragam novas sensações, como o uso de sabonete ou xampu, ou ainda um creme de uma nova marca e fragrância. Se tiver condições, saia para comprar coisas e objetos que lhe deem satisfação, use roupas ou sapatos novos, passe a se preocupar mais com a aparência, mesmo que você não tenha nenhum lugar em especial para ir. Mude, dentro de casa e de seu quarto, os móveis de lugar. Coloque na parede quadros ou estampas novas e alegres, e procure estar, sempre, na companhia de pessoas agradáveis. Conheça pessoas e ambientes novos. Nesse sentido, diz Catalan que "mais do que nunca é urgente que sejam recriadas redes de relações humanas verdadeiras, '*espaços de cura*', em que o encontro com os outros, longe de ser ameaçador ou destrutivo, possa se tornar uma chance de cura verdadeira" (CATALAN, 2002, p. 69).

Quinto passo: *exercícios físicos*. Nada mais propício para o agravamento de um quadro depressivo do que ter uma vida sedentária. Desse modo, procure exercitar-se. Faça caminhadas em boa companhia ou sozinho. Se puder, faça ginástica, natação, alongamentos diários. Se você tiver condições, faça ioga, pilates ou acupuntura ou algum tipo de massagem relaxante. São técnicas terapêuticas que ajudam a superar os sintomas da depressão. Se perceber melhora, não pare, vá em frente. Comece a ir a festas onde você possa dançar, rir, descontrair.

Sexto passo: *exercite a criatividade*. Este talvez seja o ponto-chave dessas recomendações. Não é fácil exercitar a criatividade quando estamos nessas condições, mas, ao conseguirmos, estaremos produzindo obras que irão fazer a diferença no mundo, porque brotarão da nossa alma. Lembrávamos, antes, que a depressão também pode trazer algum benefício e isso não é nenhum absurdo. Nisso consiste o elemento novo que propomos aqui.

Antes, porém, quero lembrar alguns dos grandes gênios da humanidade, cujas melhores obras surgiram de momentos de profunda depressão, dentre eles, Ludwing van Beethoven (1770-1827), que, num momento de grande solidão, já surdo e deprimido por desilusões amorosas, compôs uma das mais belas sinfonias, a de nº 9. Além dessa, que levou tempo para ser composta, surgiram muitas outras, frutos da dor, como a "Missa em ré maior" e as "Doze bagatelas para piano". Eduardo Rincón, biógrafo de Beethoven, afirma que, quando começaram os sintomas da depressão, causados por uma série de fatores que não vem ao caso elucidar aqui, "começara a época da solidão, mas também das grandes obras, que somente poderiam ter sido concebidas nesse grande isolamento e nessa melancolia em que passaria o resto da vida" (RINCÓN, 2006, p. 20). Um outro grande artista que teve a vida marcada pela depressão e, consequentemente, por desequilíbrios, produzindo, com isso, obras fantásticas, foi Vincent Van Gogh. A artista plástica Rê Rodriguez (*in: Artista da semana*, nº 70), afirma que Van Gogh, às vezes, entrava nos trigais e passava o dia pintando freneticamente, com o sol na cabeça, sempre carregando os seus quadros com cores fortes e pujantes. Fumava muito, tomava absinto em grande quantidade e envolvia-se em discussões acaloradas com Paul Gauguin, também pintor, e provavelmente seu único amigo. Discutiam sobre arte e, segundo Gauguin, as discussões eram tremendamente desgastantes. Foi durante uma delas que Van Gogh atacou o amigo com um facão e não conseguindo atingi-lo, cortou a própria orelha direita. Talvez tenha sido movido pela ira, mas acredito que seus tormentos surgiam de labirintos da sua mente, que o levavam às portas da realidade a cada momento que recriava o que já existia. Tormentos da alma. Esses são dois dos grandes gênios que criavam verdadeiras obras de artes no momento de depressão. Existem muitos outros na literatura artística. Citamos esses para mostrar que aqueles que conseguirem colocar em funcionamento suas criatividades nesses momentos de "tormento da alma", talvez possam também produzir coisas lindas. Portanto, o exercício da criatividade nessas condições é algo muito valioso.

Sétimo passo: *relaxamento e reflexão*. Se, por um lado, o exercício físico ajuda a colocar nos eixos aquilo que está fora, por outro, o relaxamento e a reflexão ajudam a contrabalançar e dar equilíbrio e harmonia à vida, fazendo com que corpo e mente voltem à normalidade de antes. Portanto, reserve momentos diários para esse tipo de prática, seguindo as orientações dadas no capítulo sobre as técnicas para aprender a meditar e cultivar a paz interior.

Oitavo passo: *cultive uma vida de oração*. A oração é um remédio eficaz na cura de muitos males, principalmente quando eles estão alojados na alma (*psique*). Assim sendo, procure ter uma vida assídua de oração. Não uma oração qualquer, mecânica, por obrigação, mas uma oração encarnada, de diálogo com Deus, de contemplação e meditação. Uma oração que faça você descobrir o amor de Deus e as razões para viver. Para esse exercício oracional, sugiro aqueles que apontamos no capítulo sobre as técnicas para aprender a orar e sentir Deus na vida.

Nono passo: *exercite a atenção*. Uma outra recomendação importante para ajudar a vencer a depressão é exercitar a observação. Observe os detalhes das coisas, aquelas que, na correria do dia a dia, passam despercebidas. Veja quanta coisa bonita há em sua volta. Perceba mais as pessoas, a natureza, a vida que flui continuamente. Reserve manhãs e tardes para ver o nascer e o pôr do sol. Contemple o sol do meio-dia ou a chuva, a maneira como as nuvens se formam. À noite, veja a lua, as estrelas, os sons que a noite produz... Elogie as pessoas e as coisas que elas fazem. Quando você conseguir isso, terá um forte sinal de que já está ficando curado, ou que, de fato, a cura já chegou.

Décimo passo: *viva*. Viver é a melhor coisa do mundo. Só descobrimos isso quando as chances de morrer tornam-se reais em nossa vida. Se você está saindo de um tempo de depressão, lance-se de corpo e alma para a vida. Não perca mais tempo. Esqueça o que passou e vá à luta: trabalhe, divirta-se, faça coisas que lhe dêem prazer e alegria e, no menor sintoma de recaída, procure auxílio. Ame sua vida, ela é única e insubstituível. Catalan afirma que "recuperar o gosto de viver, o gosto pela vida, exige um grande esforço, uma grande coragem, uma vontade firme e, como dissemos, um grande desejo" (CATALAN, 2002, p. 79). Faça reviver seus desejos e eles lhe devolverão a alegria de viver.

Enfim, lembre-se das palavras de Henriqueta B. Storna: "quando te encontrares numa situação angustiosa, em que tudo pareça conjurar-se contra ti, de tal modo que julgues que não poderás aguentar-te nem mais um minuto, não te rendas, porque será aquele o momento preciso em que começará o refluxo da maré" (DANTAS, 1977, p. 11). Agora, caso não seja você a pessoa deprimida, mas convive com alguém da família ou amigo com depressão, siga algumas recomendações eficazes para melhor lidar com ela.

Procure escutar a pessoa deprimida. A pessoa que tem depressão, geralmente, tem necessidade de falar de seus sentimentos. Não se preocupe em dar respostas e nem em querer resolver os problemas da pessoa. Simplesmente ouça. Muitos se tornam depressivos porque nunca encontraram ninguém que pudesse ouvir sobre suas necessidades. Uma outra recomendação é não criticar. As pessoas deprimidas são muito sensíveis à crítica. Já estão experimentando sentimentos de incapacidade e fracasso. Qualquer crítica pode fazê-las desmoronar, tornando-as mais indecisas ou ineptas. Além disso, procure não se responsabilizar pela depressão da pessoa com quem convive. Não se sinta responsável pelos seus sentimentos, isso, além de a ajudar a si mesma, ajudará no processo de recuperação e no bem-estar do acometido pela depressão. Outra coisa importante é não pressionar quem está deprimido. Motivações, incentivos e encorajamentos são muito significantes, porém, se seus esforços forem inúteis, não se aborreça. O que vale é demonstrar sentimentos que revelem o interesse pelo doente. Por exemplo: convide-o para sair, caminhar, jantar fora, passear, etc. Se depois de algumas tentativas ele continuar irredutível, saia da mesma forma. Assim ele vai perceber que a vida continua com ou sem a presença dele. Como disse, o importante é a demonstração de interesse, mas sem mudar a rotina da sua vida por causa disso. Vale lembrar também que uma forma de ajudar uma pessoa deprimida é não tomar atitudes condescendentes para com ela, ou seja, ajude-a, mas não assuma as suas responsabilidades. Ela tem que saber que, apesar da doença, continua tendo responsabilidades e obrigações a cumprir. Isso ajudará a não perder por completo suas motivações existenciais. Como não é fácil lidar com pessoas deprimidas, pelo fato delas ficarem mais facilmente irritadas ou inibidas, uma outra recomendação é manter a calma e não perder a paciência. Evite os atritos, mas, se isso ocorrer, a parte mais equilibrada tem que ceder. Portanto, com um pouco de paciência pode-se obter bons resultados. Para manter a calma, é preciso que saiba que você não é a pessoa culpada pela doença. Pensando e agindo assim, terá mais equilíbrio para lidar com ela e com o lento processo de recuperação.

Um fator que contribui para acelerar o processo de recuperação é fazer com que a pessoa perceba que você está do lado dela para oferecer apoio. Todo mundo se sente mais seguro quando sente por perto um ombro amigo. Seja um ombro amigo para esse ente querido, ofereça simpatia, compreensão e carinho. São elementos imprescindíveis para o processo de cura da depressão. Enfim, ajude a pessoa deprimida, mas não se deprima com ela. Não deixe que os sentimentos da pessoa deprimida se tornem também seus sentimentos. Se isso ocorrer, você não estará ajudando em nada quem está deprimido, mas sim agravará o problema. A vida de quem convive com pessoas em estado de depressão, por mais difícil que seja, tem que estar ilesa da influência negativa que a depressão cria no ambiente familiar. Para tanto, a recomendação é manter sempre o bom humor e continuar com todos os afazeres cotidianos, além das horas de descanso e distração. Seja natural no trato de quem não está com as suas faculdades normais, porque assim a sua naturalidade contagiará a anormalidade do outro, transformando-a em normalidade.

A depressão é uma espécie de desespero humano e, segundo Sören Kierkegaard (1979, p. 195), o desespero humano é uma espécie de doença mortal. Podemos perguntar por que Kierkegaard considera o desespero como uma doença mortal? Porque, segundo ele, o desespero não é doença física, mas sim doença do espírito, doença da *psique*, doença do eu. Como tal, o desespero, segundo ele, pode tomar três figuras: "o desespero inconsciente de ter um eu (o que é um verdadeiro desespero); o desespero que não quer, e o desespero que quer ser ele próprio" (KIERKEGAARD, 1979, p. 195). Ao analisar atentamente suas obras mais importantes, pode-se perceber que Kierkegaard passou por todos esses estágios e buscou respostas produzindo pérolas da filosofia existencialista nunca antes vistas. Descobriu, assim, que "o homem é uma síntese de infinito e de finito, de temporal e de eterno, de liberdade e de necessidade, é, em suma, uma síntese" (KIERKEGAARD, 1979, p. 195). Desse modo, o desejo de eternidade é uma parcela do infinito presente em cada um de nós que se manifesta quando estamos bem ou que nos deixa bem quando se manifesta. Por outro lado, a pulsão de morte, o desespero, é o lado finito se manifestando. A maioria das pessoas tem sobressalente em suas vidas o lado infinito do ser, enquanto que em outras, em menor proporção, como o próprio Kierkegaard, sobressai o lado finito do eu. Contudo, mesmo quando essa dimensão temporal se manifesta, ela pode ser contornada pelo desejo de eternidade, isto é, pela pulsão de vida que habita em nós. Segundo Kierkegaard, ela é necessária para contrabalançar a existência. É o equilíbrio entre esses dois termos opostos que nos formam como seres humanos igualmente equilibrados.

Mesmo sabendo de tudo isso, Kierkegaard foi uma pessoa extremamente angustiada e desesperada. O desespero dele foi descobrir que, "sob este ponto de vista, o eu não existe ainda" (KIERKEGAARD, 1979, p. 195), e, se o eu não existe, tudo é ilusão. Assim, o sentimento de não existência do *eu* é a causa da maior parte das angústias. A depressão, como angústia, é, de certa forma, o sentimento de não existência desse *eu*, que se configura na falta de sentido na vida. Quando conseguimos equilibrar essas duas facetas, a finita e a infinita, atingimos aquilo que chamamos de normalidade. É essa a função do tratamento da depressão. Quando o médico, ou mesmo a própria pessoa, consegue encontrar um ponto de equilíbrio nessas posições que se desencontraram, encontra-se a cura ou, pelo menos, o controle da doença tida por Kierkegaard como mortal. Lembramos que ela é considerada mortal quando vista a partir da ótica do deprimido. Para aqueles que não estão acometidos desse mal, ela é passível de cura. O fim da angústia ou da depressão se dá quando conseguimos colocar nos eixos esses dois aspectos, de forma que um equilibre o outro.

Quando atingimos esse equilíbrio, as coisas passam a ser vistas de forma agradável. Tudo é motivo para a felicidade. É o que trataremos no capítulo seguinte: uma maneira simples de ser feliz. Para isso, basta colocar a vida nos seus eixos. Quais são esses eixos? É o que veremos nos capítulos seguintes.

10. Uma maneira simples de ser feliz

"Só se está intranquilo enquanto se tem esperanças."

Hermann Hesse

Todos queremos ser felizes. Alguns filósofos chegam mesmo a dizer que a felicidade é o fim último das nossas buscas e a razão do nosso viver. No seu primeiro livro, *Ética a Nicômaco*, Aristóteles (1973, p. 4) pergunta qual o bem cuja busca é a *motivação* fundamental do comportamento humano. Apesar de filósofo, ele não parte de deduções filosóficas, mas da opinião que as pessoas têm sobre qual a finalidade que as atrai naquilo que fazem. E revela: "em palavras, o acordo quanto a este ponto é quase geral; tanto a maioria dos homens quanto as pessoas mais qualificadas dizem que este bem supremo é a felicidade, e consideram que viver bem e ir bem, equivale a ser feliz" (ARISTÓTELES, 1973, p. 4). Desse modo, Aristóteles diz que o fim interno do ser é o bem de si mesmo. Quanto ao conceito de bem, ele já vem da metafísica, porquanto é o ente como conveniente a si mesmo.

Depois de refutar o ponto de vista de Platão sobre o bem, propõe Aristóteles (1973, p. 7): "voltemos novamente a procurar que coisa é o bem". Na sequência, no contexto da noção do bem como acordo consigo mesmo, isto é, com o ser que a cada um é próprio, prossegue a investigação. Finalmente conecta com o bem, com a felicidade. A felicidade é o bem apreciado subjetivamente e, eticamente, como um estado de alma a alcançar. É o estado psíquico resultante do bem adquirido. São nuances, prazer e gozo. Dado o caráter subjetivo da felicidade, o termo soa de maneira mais grata que a do bem. Chama-se felicidade principalmente o resultado do bem perfeito, que torna feliz em absoluto. Dentro do espírito aristotélico, o fim está antes de tudo no bem, porquanto a felicidade como uma decorrência é algo acidental ainda que aperfeiçoativa e profundamente desejada pela natureza humana. Todavia, porque a felicidade depende diretamente do bem adquirido, pode-se dizer que materialmente coincidem. Nesta acepção concreta, o fim está na felicidade, tão bem quanto está no bem. Fomos criados para sermos felizes. Desse modo, apontaremos, a seguir, algumas virtudes que devemos cultivar se, de fato, queremos ser felizes.

Serenidade: seja tranquilo em seu interior. Deixe que essa paz e essa alegria interior se irradiem através de um semblante sereno. Um semblante sereno é pacífico, sorridente e sério, e não mostra nenhuma emoção violenta. É como a superfície de um lago tranquilo. A "Serenidade" é um belo texto de Heidegger (1989, p. 162), onde ele reflete sobre a essência da técnica moderna e onde mostra a necessidade de recuperar aquilo que ele chamou de pensamento meditativo. Não se trata, obviamente, de negar a técnica, mas de repensar a nossa relação com ela. O apelo de Heidegger, ao longo desse belo texto é, pois, o de mantermos acordado o pensamento, uma vez que o que o homem tem de mais próprio é, justamente, ser um ser pensante.

Regularidade: seja regular em seus hábitos diários, em suas práticas espirituais e em seu trabalho. Levante-se sempre à mesma hora. Seja pontual em suas atividades. Isto o libertará de preocupações e ansiedades. Você fará sempre o certo no momento certo.

Sinceridade: deixe que suas palavras coincidam com seus pensamentos. Deixe que suas ações coincidam com suas palavras. Deixe que haja harmonia entre seus pensamentos, palavras e ações.

Simplicidade: seja natural. Fale com sinceridade. Não distorça as palavras nem os chavões. Seja direto. Evite a astúcia, a dissimulação e as segundas intenções.

Veracidade: seja verdadeiro. Cumpra suas promessas. Não exagere nem distorça os fatos. Pense duas vezes antes de falar. Fale docemente. Seja preciso naquilo que disser.

Humildade: não alardeie sua origem, posição, qualidades ou êxitos espirituais. Lembre-se da natureza evanescente de todas as coisas. Elogie os outros. Veja Deus em todas as pessoas. Trate a todos como iguais, inclusive, a menor das criaturas.

Serenidade: a irritabilidade é precursora de violentas explosões de cólera. Vigie as alterações do equilíbrio mental. Observe as pequenas ondas de cólera que agitam o lago de sua mente. Não permita que adquiram grandes proporções. Então, você alcançará um estado de não irritabilidade, de paz e de amor.

Equanimidade: tenha calma. Suporte pacientemente o insulto, a injúria, o sofrimento, o fracasso e a falta de respeito. Não se envaideça com o elogio, o êxito ou com as honras. Nessas situações, mantenha uma atitude equilibrada. Aja da mesma maneira com os amigos e com os inimigos. Não deixe que nada perturbe sua paz interior.

Persistência: lembre-se de que uma mente inconstante não tem possibilidade de alcançar nada. Desperte seu discernimento. Escolha seu ideal. Tenha-o sempre presente. Não deixe que sua mente se separe dele nem um só momento. Lembre-se sempre da máxima do filósofo Jean-Jacques Rousseau (2005, p. 125): "os que querem o que fazem são mais felizes do que os que fazem o que querem".

Por fim, para ser feliz, acorde toda a manhã e procure sorrir. Esta é mais uma oportunidade que você tem para ser feliz. Seja seu próprio motor de ignição. O dia de hoje jamais voltará. Não o desperdice, pois você nasceu para ser feliz! Enumere as boas coisas que você tem na vida. Ao tomar consciência do seu valor, você será capaz de ir em frente com muita força, coragem e confiança! Não se queixe do seu trabalho, do tédio, da rotina, pois é o seu trabalho que o mantém alerta, em constante desenvolvimento pessoal e profissional. Além disso, o trabalho o ajuda a manter a dignidade. Acredite. Seu valor está em você mesmo. Não se deixe vencer, não seja igual, seja diferente. Se nos deixarmos vencer, não haverá surpresas, nem alegrias. Conscientize-se de que a verdadeira felicidade está dentro de você. A felicidade não é ter ou alcançar, mas, sim, dar. Estenda sua mão. Compartilhe. Sorria. Abrace. A felicidade é um perfume que você não pode passar nos outros sem que o cheiro fique um pouco em suas mãos. O importante de você ter uma atitude positiva diante da vida, ter o desejo de mostrar o que tem de melhor, é que isso produz maravilhosos efeitos colaterais. Não só cria um espaço feliz para os que estão ao seu redor, como também encoraja outras pessoas a serem mais positivas. Trace os objetivos para cada dia. Você conquistará seu arco-íris, um dia de cada vez. Seja paciente. O tempo para ser feliz é agora. O lugar para ser feliz é aqui! Nunca se esqueça do que disse o grande poeta Mário Quintana:

"Existe somente uma idade para a gente ser feliz. Somente uma época na vida de cada pessoa em que é possível sonhar e fazer planos e ter energia bastante para realizá-los, a despeito de todas as dificuldades e obstáculos. Uma só idade para a gente se encantar com a vida e viver apaixonadamente e desfrutar tudo com toda intensidade sem medo nem culpa de sentir prazer. Fase dourada em que a gente pode criar e recriar a vida à nossa própria imagem e semelhança e vestir-se com todas as cores e experimentar todos os sabores. Tempo de entusiasmo e coragem em que todo desafio é mais um convite à luta que a gente enfrenta com toda disposição de tentar algo novo, de novo e de novo, e quantas vezes for preciso. Essa

idade tão fugaz na vida da gente chama-se presente, também conhecida como agora ou já e tem a duração do instante que passa."

Quando você, ao acordar, abrir a janela, olhar o céu e contemplar o brilho do sol, imagine que o seu dia terá um brilho muito maior do que este, porque você assim o deseja, você assim o quer. E mesmo que não consiga ver este brilho com os olhos, sinta-o refletindo em você, na sua alma, pois ele nada mais é do que a sua felicidade, ou sua vontade de lutar para encontrá-la. A grandeza humana não consiste apenas em ter sabedoria e sim em sabermos usá-la. Todos os dias nos é dado um momento em que é possível mudar tudo que nos deixa infelizes. O instante mágico é o momento em que um "sim" ou um "não" pode mudar toda a nossa existência. Faça do sofrimento um motivo a mais para sair caminhando. Faça das tristezas, das agruras do dia a dia, aquela alavanca que faltava para o impulso que leva à felicidade. Faça do desânimo um motivo a mais para encontrar a vontade escondida, deixada num canto, esquecida.

Acredite sempre que você nasceu para vencer, para conquistar, para transpor os obstáculos. Acredite que no seu íntimo estão a inteligência, o saber, a força e o bem, esperando para serem desencadeados, colocados em prática. A autoconfiança nos faz felizes porque nos dá segurança. Pessoas seguras são mais felizes. Uma outra maneira eficaz de ser feliz é ajudar aos outros desinteressadamente. Assim, quando receber um benefício, procure não esquecê-lo, mas, quando fizer, não deve lembrá-lo. Faça o bem, pratique atos de caridade, porque quem enxuga lágrimas alheias não tem tempo de chorar. Fale sempre de coisas boas, como saúde, felicidades e prazeres, isso ajuda a criar um ambiente feliz. Fale com sinceridade, sem ostentação ou vaidade. Evite comentários depreciativos, tanto de pessoas quanto de situações. Os comentários, além de serem um modo desonesto de não elogiarmos, em nada ajudarão na criação de um ambiente feliz, pelo contrário, criarão mal-estar e desconforto. Portanto, dedique bastante tempo para seu próprio aperfeiçoamento de modo que não sobre um minuto sequer para criticar os outros. Nenhuma situação tem apenas um lado, portanto, procure vê-la sempre pelo lado bom. Desse modo, uns são tristes porque as rosas têm espinhos, outros são felizes porque os espinhos têm rosas. Os tristes dizem que os ventos gemem, os alegres acham que cantam. Assim, a felicidade depende de como você vê a vida e as coisas que a cercam. Esforce-se para ver as coisas boas porque elas demonstrarão o que você traz dentro de si. Quando somos bons para os outros, somos também para nós mesmos. Pe. Antônio Vieira dizia que é muito bom ser importante; porém, é muito mais importante ser bom.

Para encerrar a reflexão sobre a maneira simples de ser feliz, recordo a fábula sobre o segredo da felicidade:

Há uma lenda que diz que certo mercador enviou seu filho para aprender o segredo da felicidade com o mais sábio de todos os homens. O jovem andou durante quarenta dias pelo deserto até chegar a um bonito castelo, no alto da montanha. Ali, vivia o sábio que procurava.

No entanto, em vez de encontrar um homem sábio, o jovem entrou em uma sala e viu uma atividade intensa: mercadores que entravam e saíam, pessoas conversando pelos cantos, uma pequena orquestra que tocava suaves melodias e uma mesa repleta dos mais deliciosos manjares daquela região do mundo. O sábio conversava com todos, e o jovem teve que esperar duas horas até que chegasse sua vez de ser atendido.

O sábio ouviu atentamente o motivo da sua visita, mas lhe disse que, naquele momento, não tinha tempo de explicar-lhe o segredo da felicidade. Pediu-lhe que desse um passeio pelo palácio e regressasse duas horas depois. "Quero lhe pedir um favor", completou o sábio, entregando-lhe uma colherinha de chá, na qual colocou duas gotas de azeite. "Enquanto estiveres caminhando, leva esta colherinha, cuidando para não derramar o azeite."

O jovem começou a subir e a descer as escadarias do palácio, mantendo sempre os olhos fixos na colher. Passadas duas horas, retornou à presença do sábio.

"Que tal?", perguntou o sábio. "Viste os tapetes da Pérsia que estão em minha sala de jantar? Viste o jardim que o mestre dos jardineiros levou dez anos para cultivar? Reparaste nos belos pergaminhos da biblioteca?"

O jovem, envergonhado, confessou que não tinha visto nada. Sua única preocupação havia sido a de não derramar as gotas de azeite que o sábio lhe tinha confiado.

"Pois, então, volta e conhece as maravilhas de meu mundo", disse o sábio. "Não podes confiar em uma pessoa, se não conheces sua casa."

Já mais tranquilo, o jovem pegou novamente a colher e voltou a passear pelo palácio, desta vez, olhando com atenção todas as obras de arte que adornavam o teto e as paredes. Viu os jardins, as montanhas ao seu redor, a delicadeza das flores, o esmero com que cada obra de arte estava colocada em seu lugar.

De volta à presença do sábio, contou-lhe tudo o que tinha visto. "Mas onde estão as duas gotas de azeite que te confiei?", perguntou o sábio.

O jovem olhou a colher e se deu conta de que as tinha derramado.

"Pois é o único conselho que tenho para te dar", disse-lhe o sábio dos sábios, "o segredo da felicidade está em olhar todas as maravilhas do mundo, sem nunca se esquecer das duas gotas de azeite na colher".

Para ser feliz é preciso estar atento às maravilhas que nos cercam, porém, sem descuidar das coisas que nos são confiadas. Uns, por um lado, passam pela vida tão centrados nas atividades diárias que esquecem de contemplar o mundo à sua volta. Outros, até olham o mundo à sua volta, mas descuidam daquilo que lhe foi confiado, como, por exemplo, de suas tarefas, de seus compromissos e, acima de tudo, de dar atenção às pessoas que os cercam. Para ser feliz, é preciso saber conciliar todas as coisas, sem descuidar de umas em detrimento de outras.

Uma vez perguntaram a Confúcio: "o que o surpreende mais na humanidade?". Confúcio respondeu: "os homens perdem a saúde para juntar dinheiro e depois perdem o dinheiro para recuperá-la. Por pensarem ansiosamente no futuro, esquecem o presente, de tal forma que acabam por nem viver no presente nem no futuro. Vivem como se nunca fossem morrer e morrem como se não tivessem vivido".

Alguém disse certa vez que não devemos curtir somente o sol, mas devemos aproveitar também a lua. Que não curtamos somente a calmaria, mas aproveitemos também da tempestade. Tudo isso enriquece a vida, ela não pode ser vivida somente dentro de uma casa. A vida tem que ser experimentada dentro do universo. A felicidade é um jeito de viver, é uma maneira de estar agradecido a tudo. Não somente a quem nos estende a mão, mas também a quem nos abandona, pois certamente nesse abandono existe a possibilidade de descobrirmos a força que existe dentro de nós.

11. Técnicas para aprender a meditar e cultivar a paz interior

"Você quer ser feliz por um instante? Vingue-se!
Você quer ser feliz para sempre? Perdoe!"

Tertuliano

A meditação sempre foi uma das maneiras mais eficazes de se encontrar a paz e o equilíbrio emocional. Pessoas que meditam, além de viver mais, vivem com mais qualidade, sabem como lidar melhor com as dificuldades e evitam doenças como *stress*, depressão e suas consequências. Meditar é uma arte e, como tal, necessita de exercícios, de técnicas, de aprendizado, de hábito. Meditação é um processo e exige dedicação e interesse. Ninguém aprende a meditar do dia para a noite. É preciso antes aprender os elementos necessários para uma boa meditação.

Além do mais, muitos pensam que meditar é coisa de religiosos, de pessoas que têm fé, de monges. A meditação não passa, necessariamente, pelos caminhos da religião ou da espiritualidade, mas, quando se pode conciliar esses elementos, elas se tornam ainda mais eficazes. Desse modo, a meditação é algo que deveria ser praticado por todos, independente do credo, raça ou posição social, pois é algo que transcende todos esses elementos.

Algumas empresas, hoje, já estão descobrindo o potencial dessa prática e têm propiciado momentos de meditação e relaxamento para seus funcionários. Elas perceberam que um funcionário bem equilibrado, de bem consigo mesmo e com os outros, produz mais e melhora o desenvolvimento da empresa. Unir o útil ao agradável é uma estratégia infalível, mas apenas os mais conscientes aprenderam isso. O tempo que se *perde* com a prática da meditação se reverterá em ganhos inestimáveis, tanto para o funcionário quanto para a empresa. Se você é empresário ou tem um quadro de funcionários, experimente isso e verá, em pouco tempo, o resultado dessa ação.

Existem técnicas para todas as coisas e também para a meditação. A técnica faz parte do processo de aprendizagem de qualquer coisa que queiramos para a nossa vida. Marcel Mauss (2003, p. 407), um antropólogo francês, definiu *técnica* como um ato tradicional eficaz, e disse que ela não difere do ato mágico, religioso e simbólico. Chamou a atenção para duas palavras: *tradicional* e *eficaz*. Disse ele que "não há técnica e não há transmissão se não houver tradição". Por isso, muitas das técnicas de meditação são milenares e, se existem há milênios, é porque são eficazes. São várias as técnicas de meditação. Vamos, aqui, exemplificar duas delas: uma voltada para o público em geral, sem nenhum envolvimento espiritual, e outra extraída da sabedoria centenária dos monges medievais que perduram até hoje nos mosteiros, nas Ordens contemplativas, e que tem sido, nas últimas décadas, resgatada por outros religiosos seculares e leigos que desejam aperfeiçoar sua vida de oração. Falo da técnica da *Lectio Divina* ou leitura divina.

Meditar é pensar com grande concentração, por isso essa prática ajuda não apenas na oração, mas nos estudos e nos afazeres diários. Quem medita tem a vida mais organizada e usufrui dela com muito mais prazer. Portanto, meditar é um exercício que prepara para a contemplação. Vivemos num mundo carente de pessoas que contemplam. Devido à correria do dia a dia, essa qualidade humana tão nobre está se tornando cada vez mais rara. As pessoas não contemplam mais. Muitos, simplesmente, não chegam nem sequer ao estágio de ver as coisas belas que estão à sua volta ou que se encontram pelo caminho quando vão ao trabalho, quando saem para caminhar ou quando vão viajar. Estão preocupados com o fim da ação, com o fazer e com o ter, e acabam não vivendo as maravilhas de cada momento. Já vi pessoas no ônibus, trem ou carro atravessando paisagens belíssimas, mas indiferentes ao que está à sua volta. Estão mais preocupadas em dormir ou ler um livro ou jornal do que contemplar a paisagem. Quantos nunca tiveram a sensibilidade de parar, por alguns instantes, ao entardecer, e assistir, gratuitamente, ao espetáculo do pôr do sol. Tudo isso é sinal da ausência daquilo que os antigos e atuais sábios têm como prática elementar de suas vidas, a meditação. Vamos, então, à primeira orientação de como aprender a meditar.

O primeiro passo para aprender a meditar é querer meditar. Por isso, a meditação é a prática da concentração mental que alguém se propõe a levar a cabo, através de uma sucessão de estágios que, em seu tempo, liberam canais de comunicação que levam a pessoa a captar o que é essencial e se desligar de tudo o que é banal ou secundário que está à sua volta. Portanto, quando você se propor a meditar, tome, antes, algumas providências essenciais, como o ambiente, a postura, os acessórios ou recursos que vai utilizar e o tempo que pretende meditar.

Escolha um ambiente silencioso, principalmente se você é uma pessoa principiante na arte da meditação. Meditar exige concentração e os ruídos podem atrapalhar quem ainda não aprendeu o domínio de tal técnica. Assim, escolha um lugar calmo, que pode ser um campo, um bosque, uma sala meio escura e silenciosa ou mesmo seu quarto ou sala, se eles forem silenciosos. As dicas dadas serão para um ambiente fechado, mas elas podem ser adaptadas para os espaços ao ar livre, basta usar a criatividade.

Deixe o espaço na penumbra, com pouca entrada de luz. A luz principal deve vir de seu interior e é ela que sinalizará seu estágio na meditação. Mircea Eliade (1999, p. 20) lembra que, para certas escolas hindus, a luz interior é muito importante. Ela é como um sinalizador do avanço no processo meditativo. Consequentemente, pouca luz externa ajuda a acender a luz interna que dirá se você aprendeu a técnica da meditação.

Se puder, tire os objetos que possam atrapalhar sua atenção, como revistas, jornais, jogos, instrumentos de trabalho ou de lazer, etc. Providencie um aparelho de som e um CD com músicas para relaxamento, que podem ser músicas de estilos *new age*, músicas sacras na versão instrumental ou mesmo músicas clássicas como "As quatro estações", de Antônio Vivaldi, as valsas de Johann Strauss, como "Danúbio azul", "Contos dos bosques de Viena", "Rosas do Sul", "Vozes da primavera" ou a "Valsa do imperador". Há também outras tantas como "A sagração da primavera", de Igor Stravinsky e a "Sinfonia nº 9", de Beethoven. Todas canções transcendentais que possibilitam uma viagem ao mundo da meditação. Depois de preparar o ambiente e o som, é hora de pensar na postura que vai ser usada para melhor se concentrar.

Há várias maneiras de se posicionar. Uns preferem ficar sentados na posição de lótus, outros preferem sentar-se numa poltrona confortável, e outros, ainda, preferem deitar sobre um tapete ou colchão, confortavelmente. Qualquer uma dessas posições pode favorecer a meditação, desde que você se sinta bem e confortável. O que importa é o conforto, portanto, nada de roupas desconfortáveis ou sapatos apertados. O melhor mesmo é tirar tudo o que puder, principalmente acessórios: roupas justas, sapatos, relógios, anéis, óculos, etc. Não esqueça de calcular antes o tempo que pretende meditar, para que a preocupação com os afazeres não tire sua concentração. Depois de tudo isso, ligue o som, posicione-se na postura escolhida e relaxe. No começo, preste atenção no som e, depois, comece uma viagem a um lugar real ou imaginário que seja, para você, paradisíaco. Não se preocupe se nas primeiras vezes você dormir. O sono, vindo dessa maneira, é relaxante e faz parte do processo de esvaziamento da mente das preocupações diárias. Meia hora é o suficiente para um bom relaxamento. Se precisar de mais tempo, faça mais.

Essa foi, portanto, a primeira parte do processo de aprendizagem da técnica de meditação. Agora, passemos à segunda parte. Este segundo momento é a meditação propriamente dita, por isso, ele tem alguns passos a serem seguidos e necessita de que você esteja bem e relaxado, mas, sobretudo, acordado. O ambiente continua o mesmo e a música deve estar bem suave. O corpo é o elemento fundamental da meditação. Marcel Mauss lembra que "o corpo é o primeiro e o mais natural instrumento do homem. Ou, mais exatamente, sem falar de instrumento: o primeiro e o mais natural objeto técnico, e ao mesmo tempo meio técnico, do homem" (MAUSS, 2003, p. 407). Portanto, dê muita atenção a ele porque, "antes das técnicas de instrumentos, há o conjunto das técnicas do próprio corpo".

Primeiro passo: *o corpo*. Se estiver vestido, sinta a roupa tocando seus ombros... Sinta as suas costas tocando o espaldar da cadeira ou do tapete... Ou sinta simplesmente suas costas... Sinta seus braços, suas mãos, as coxas sobre o assento ou estendidas no chão... A maciez ou a dureza do assento ou do chão... As pernas... A sola dos pés... Entre em contato consigo mesmo para entrar em sintonia com o universo. Repita essa sequência de pensamento do seu próprio corpo por três vezes.

Segundo passo: *a respiração*. Sinta o ar entrando nos pulmões. Sinta o ar passando pelas narinas. Sentir o ar e não pense... Continue respirando normalmente. Sinta a vida acontecendo através da respiração. Respirar é viver... Deus é vida, o universo é vida. A atmosfera está densa da presença de vida. Respire uma força superior que sustenta sua vida. Sinta o que sente agora: paz, adoração, louvor, ação de graças, tranquilidade... Sinta os desejos que o impelem nesta meditação... Vá sentindo o ar que entra e sai dos seus pulmões.

Terceiro passo: *os sons*. Escute os sons que estão à sua volta... O mais suave... O mais distante. Deixe que lhe cheguem os sons, a imensa gama de sons que nos atingem. Cada som abarca uma infinidade de outros sons.

Quarto passo: *os sentimentos*. Tome consciência dos seus sentimentos. Não os analise. Sinta-os simplesmente... O que sente agora em relação a este momento de meditação? O que deseja pedir? Deixe seus desejos mais profundos acontecerem no aqui e agora... Fale consigo mesmo sobre eles... Agradeça por eles existirem em seu coração... Agradeça por esse momento de contemplação, de comunhão consigo e com o universo à sua volta... Agradeça esse momento de meditação.

Esses quatro passos do processo de meditação poderão ser feitos com um CD que contenha essas orientações acima ou outra similar. Há, no mercado, vários recursos deste tipo. Adquira e use nas suas meditações diárias. Eles, por conterem sons apropriados, dispensam outro tipo de som ambiente. Passemos, a seguir, para uma segunda modalidade de meditação, agora mais voltada para a oração. É a chamada meditação com o método da *lectio divina*.

A palavra latina *lectio*, em sua primeira acepção, significa ensinamento, lição. Num segundo sentido, derivado, *lectio* também pode significar um texto ou um grupo de textos que transmitem tal ensinamento. Assim falamos de lições (*lectiones*) da Escritura lidas na liturgia. Finalmente, num sentido posterior, *lectio* pode também significar leitura. A *lectio divina* é um exercício da escuta pessoal da Palavra de Deus. Funciona como uma escada de quatro degraus espirituais: *Leitura, Meditação, Oração* e *Contemplação*, sendo que os degraus são mais para a compreensão, podendo elevar à oração e à contemplação no momento que lhe aprouver. É preciso, portanto, estar aberto à ação de Deus.

Para os monges do deserto, a leitura da Palavra de Deus não é simplesmente um exercício religioso de *lectio* (leitura), que gradualmente prepara o espírito e o coração para a *meditatio* (meditação) e depois para a *oratio* (oração), na esperança de que possam mesmo chegar à *contemplatio* (contemplação) (se possível antes que a hora de *lectio* termine). Para os monges do deserto, o contato com a Palavra é contato com o fogo que queima, chama violentamente à conversão. O contato com a Escritura não é apenas um método de oração; é um encontro místico. Logo, a *lectio* é o desejo de permitir-se ser desafiado e transformado pelo fogo da Palavra de Deus.

Se no método anterior a meditação tinha quatro passos, neste ela também tem. Para esse método de oração é preciso que você tenha um ambiente parecido com o supracitado, mas pode ser também numa capela, igreja ou mesmo no seu quarto, no momento que você escolheu para meditar. As ferramentas necessárias são Bíblia, silêncio e disposição. Coloque-se numa posição confortável, escolha um texto bíblico que poder ser um que lhe venha à mente, ou algum da leitura do dia, ou ainda algum texto que alguém lhe tenha indicado. O mais importante é como você vai ler e meditar sobre esse texto escolhido. Vale lembrar que o mesmo não deve ser um texto muito longo. Isso dificultaria a gravação na memória de todo seu conjunto. Alguns versículos são suficientes para uma boa meditação.

Primeiro passo: *Leitura*: leia atentamente o texto e pergunte: "O que o texto diz?". Preste atenção em todos os detalhes: o ambiente, o desenrolar dos fatos, os personagens, os diálogos, a reação das pessoas, procurando perceber os seus sentimentos, os pontos mais importantes, as palavras mais fortes, sublinhando o trecho que mais lhe chamou atenção. É importante que você identifique tudo isto com calma e atenção, como se estivesse vendo a cena. Esse passo é o que exigirá maior esforço de sua parte. Não é momento de procurar direcionamentos para sua vida, mas de perceber o que o texto fala de forma genérica. A leitura em meia voz ajudará a perceber melhor cada detalhe, pois você estará usando mais um sentido.

Segundo passo: *Meditação*: pergunte: "O que o texto me diz?". Momento de se colocar de forma pessoal diante da Palavra. É hora de "ruminar", saborear a Palavra. "Quão saborosas são para mim vossas palavras! São mais doces que o mel à minha boca" (Sal. 118: 103). Tudo o que você encontrar na leitura deve agora ser questionado com sua vida, através do Espírito Santo. Não é preciso deter-se no texto todo como na leitura, mas naquilo que o Espírito Santo tiver suscitado. Confronte a sua vida com a Palavra, deixando se impregnar pelos sentimentos que o Espírito faz surgir em nós: alegria, confiança, arrependimento...

Terceiro passo: *Oração*: pergunte: "O que o texto me faz dizer?". A oração brota como fruto da meditação. Os sentimentos nos levam a dar uma resposta a Deus. Naturalmente brotam o louvor, uma súplica, uma oração penitencial, a oferta, a adoração. O que o Espírito suscitar.

Quarto passo: *Contemplação*: pergunte: "O que a Palavra faz?". É o próprio Deus agindo. É um deliciar-se com a ação de Deus que toma a sua oração e leva você ao coração d'Ele. A contemplação não é fruto dos seus esforços, é pura graça de Deus. Como disse Santa Teresa: "quereis saber se estais adiantadas na oração? Olhai se na vossa vida tem virtudes". É pelos frutos de conversão que reconhecemos se estamos orando de verdade. "Contemplar não significa procurar a verdade, mas regozijar-se com a verdade encontrada, saboreando toda a sua riqueza e profundidade" (Frei Raniero Cantalamessa). Importante: anote em seu caderno os frutos de sua meditação.

Esses são, portanto, os quatro passos da *lectio divina*. Ela poderá ser feita individualmente ou em grupo. Cada uma dessas modalidades tem seus benefícios. Individualmente, você poderá se concentrar melhor e, em grupo, as riquezas que surgirão serão maiores. Se possível, faça das duas formas. Elas só trarão crescimento espiritual para sua vida. Para concluir, veremos mais um pouco sobre o que é a *lectio divina.*

Armand Veilleux (1995, p. 183) diz que, em nossos dias, de fato, a *lectio divina* é mencionada como uma observância específica; e nos diz que é uma forma de leitura diferente de todas as outras, e que acima de tudo, não devemos confundir a verdadeira *lectio divina* com outras formas de simples "leitura espiritual". Esta é uma visão completamente moderna, e, como tal, representa um conceito estranho aos Padres do Deserto. O que hoje é chamado *lectio divina* é apresentado como um método de leitura da Escritura e também da leitura dos Padres da Igreja e dos Padres do monaquismo. Consiste numa leitura lenta e meditativa do texto, uma leitura feita mais com o coração do que com a mente, como se costuma dizer, sem um objetivo prático, mas simplesmente deixando-se ser impregnado com a Palavra de Deus.

Este método, enquanto tal, tem suas origens no século XII, e está relacionado com o que tem sido chamado de "teologia monástica". Nessa época, os pré-escolásticos desenvolveram seu método que passava da *lectio* para a *quaestio*, e daí para a *disputatio.* A reação dos monges foi, então, desenvolver seu próprio método: *lectio* levando à *meditatio,* e daí à *oratio*. Um pouco depois acrescentaram a *contemplatio*, que foi distinta da *oratio*. É esse, portanto, o método de meditação e oração chamado de *lectio divina.*

Além desses, há outros. O mais importante é que haja uma predisposição para meditar. Para isso, é preciso certa preparação prévia. Tente fazer esse exercício e verá o quanto isso ajudará na sua vida. Porém, para que a meditação seja fecunda, é necessário um silêncio interior. É necessário buscar ouvir Deus, que fala de muitas maneiras em nossa vida. Para ilustrar esta busca do silêncio interior para ouvir Deus durante a meditação, reproduzimos aqui a fábula de um monge que diz: "Quando vou a uma floresta, enquanto vou entrando, o rumor de meus passos e o agitar dos ramos das plantas, que afasto para passar, fazem com que os pássaros e outros animais se aquietem e se escondam temerosos. A floresta então parece um deserto mudo e imperscrutável. Mas quando me sento e fico silencioso por um bom tempo, aos poucos a floresta começa a mexer-se e a fazer-se ouvir, porque os pássaros e os animais saem confiantes de seu esconderijo. Então ouço seus cantos, seus passos, seus gritos e todos os rumores da floresta [...]. Assim é Deus. É preciso fazer um longo e profundo silêncio interior, um silêncio ansioso de ouvir a Deus; então, aos poucos, ele começa a falar suavemente e amorosamente ao nosso coração, que escuta como discípulo" (HUMMES, 2002, p. 8).

A função da meditação é conectar com Deus e isso só vai ser possível se soubermos silenciar os ruídos que estão à nossa volta para ouvirmos outros tipos de sons: os sons do sagrado. Os sons do sagrado se ouvem no silêncio, na contemplação, na ausência dos falatórios. Jesus já havia ensinado que, para orar ou meditar, não devemos usar muitas palavras. Diz ele: "quando vocês rezarem, não usem muitas palavras, como fazem os pagãos. Eles pensam que serão ouvidos por causa do seu palavreado" (Mt. 6: 7). Não seremos ouvidos pela quantidade de palavras que falamos, mas pela qualidade da nossa palavra ou até pela ausência dela. O que importa é a sintonia.

Portanto, quando quiser meditar, procure um lugar tranquilo. Sente-se de maneira confortável. Não se preocupe com a hora ou com o que vai pensar ou dizer a Deus. Simplesmente, coloque-se diante dele. Procure não pensar em nada... Depois, deixe que o pensamento voe para onde o desejo conduzir. Aonde for seu pensamento, é ali que deve focar sua meditação. Repita constantemente esse ritual. Quando você menos esperar, já terá se acostumado a meditar. A meditação ajuda a equilibrar emoções e cultivar a paz interior.

12. Métodos de oração e conexão com Deus na vida diária

"Nunca ore suplicando cargas mais leves, e sim ombros mais fortes."

Philips Brooks

Há muito tempo existem pesquisas que avaliam a ligação entre religiosidade e saúde, mas foi a partir de meados do século XX que elas ganharam força. Muitos pesquisadores foram na contramão das afirmações de Freud, que dizia que a religião seria uma neurose obsessiva, um mecanismo de defesa imaturo, saindo em defesa da espiritualidade, da oração, da prática da meditação, sugerindo-as como um mecanismo coadjuvante no tratamento que pode, sim, ajudar no processo de cura de muitas doenças.

Em vários países há estudos em andamento sobre os efeitos da fé sobre o organismo humano, alguns destes já concluídos, cujos resultados são animadores para aqueles que têm fé. Afirmam alguns destes estudos que quem leva uma vida de oração regular tem maiores chances de se recuperar mais rápido. Outros, ainda, afirmam que a oração pode ser também um método preventivo contra muitas doenças, como a depressão ou o mal de Alzheimer. Foi o que relatou uma pesquisa publicada na revista científica oficial da *Academia Americana de Neurologia*, sugerindo "que níveis mais elevados de espiritualidade e de práticas religiosas individuais estão associados a uma progressão mais lenta da doença de Alzheimer" (BERGEL, 2007, p. 4).

Muitos médicos já estão adotando formas de tratamento que levam em consideração não apenas a doença como um fato isolado, mas todo o conjunto da vida do paciente, como fatores físicos, psicológicos, sociais e espirituais. Esse último tem revelado ser a grande descoberta no campo da medicina norte-americana. Nos Estados Unidos, devido aos resultados positivos obtidos, a consciência dos efeitos da fé nos procedimentos médicos tem aumentado significativamente. No Brasil, alguns estudos do gênero têm sido adotados, como mostrou, em entrevista ao jornal *Folha de S. Paulo* (2007, p. 5), o psiquiatra da Unicamp Paulo Dalgalarrondo. Entre as várias hipóteses para explicar de que maneira a fé influencia na saúde, ele afirma que "uma delas defende que esses indivíduos possuem uma rede de apoio social mais forte, enquanto outros estudiosos indicam que, com a fé, as pessoas encontram um sentido na vida, o que ajuda a viver melhor, com mais esperança e com uma atitude mais positiva" (DALGALARRONDO, 2007, p. 5). Ambas as hipóteses são válidas no processo de recuperação. Os laços sociais proporcionados pelo campo religioso e o espaço sagrado são fundamentais para o bem-estar. A pessoa, sabendo que tem à sua volta outros em quem possa confiar, sente-se segura e equilibrada, e esses são fatores importantes no processo de recuperação. Da mesma forma acontece com aqueles que encontram na fé, na oração, enfim, na espiritualidade, o sentido da sua vida.

Quando a vida perde o sentido, mesmo que estejamos fisicamente saudáveis, temos grandes probabilidades de adoecer, e os que adoecem sem ter perspectivas de vida estão fadados a sucumbir nas debilidades da doença. Ademais, religião, fé e moral, além de estarem muito ligadas, são fatores que norteiam comportamentos. Pessoas religiosas tendem a evitar comportamento de risco, afirma o psiquiatra Alexandre Almeida, coordenador do Nures (Núcleo de Espiritualidade e Saúde), da Universidade Federal de Juiz de Fora. De acordo com as pesquisas desenvolvidas por esse Centro de Estudos, a religiosidade pode estar associada a "menor frequência de sintomas de depressão; otimismo; boa autoestima; menos comportamentos de risco; menos uso de drogas, álcool e cigarro; maior expectativa de vida e mais bem-estar; melhor funcionamento do sistema imunológico; maior facilidade para enfrentar e lidar com problemas; menos estresse" (ALMEIDA, 2007, p. 5). Desse modo, cultivar uma vida de oração é fundamental para uma vida com qualidade. É isso que vamos refletir, a seguir, ao falarmos da oração como meio de conexão com Deus e com o mundo à nossa volta.

Uma vez falado, no capítulo anterior, dos métodos e técnicas de meditação e contemplação, e, acima, das benesses da mesma no organismo, é hora de falar da oração propriamente dita. Meditação, oração e contemplação estão tão próximas que alguns chegam mesmo a não separar uma das outras. Fizemos também aqui tal aproximação porque supomos que, quem ora, tem uma religião e quem pratica uma religião tem momentos de meditação e contemplação. Embora a meditação não seja, necessariamente, um ato de fé, quem medita necessita de princípios religiosos para atingir o que a meditação propõe, que é um estágio ou grau de concentração mínimo para se desligar das preocupações da vida cotidiana. Quem ora também necessita desse tipo de contemplação, daí o estreito vínculo entre elas. Portanto, o que se sabe é que tanto a meditação quanto a contemplação são partes integrantes da oração. Então, o que vem a ser mesmo uma oração?

Oração pode ser uma prece ou súplica, um pedido dirigido a Deus, a um santo ou a um ser transcendente. É também conhecida, popularmente, como reza. Dizem que ela, não importando o nome que lhe deem, é uma elevação do coração, da alma, a Deus. Existem várias formas de orar. Algumas delas veremos aqui, outras serão apenas sugeridas. Antes, porém, convém explanar um pouco mais sobre o que é a oração, porque, quanto mais conhecermos seus conceitos e suas estruturas, melhor e mais conscientes do nosso ato poderemos orar ou rezar. Em primeiro lugar, a oração é um ato religioso. Quem ora é porque acredita, de acordo com a sua religião, em uma divindade transcendente. A oração já foi objeto de estudo de muitos pesquisadores, filósofos, antropólogos, teólogos, etc. Mas não vamos adentrar em nenhuma dessas teorias sobre a oração. Apenas apontaremos alguns elementos a respeito da mesma, produzidas por certos pensadores ao longo do tempo e que revelam o quanto ela é importante na vida do ser humano.

Um dos grandes pensadores que expôs em suas reflexões o tema da oração foi Sören Kierkegaard. Ele nasceu em Copenhague, na Dinamarca, em maio de 1813. Considerado por muitos como o primeiro representante da filosofia existencialista, teve sua vida marcada pela angústia, e isso o influenciou na escolha da oração como um de seus temas prediletos, se tornando um grande pensador que teve a vida marcada pela busca de ideias pelos quais pudesse viver e morrer. Kierkegaard se empenhou na busca de um tipo de oração que não fosse burocrático, mas que estivesse, ao mesmo tempo, envolto num ambiente de espiritualidade. A Dinamarca de seu tempo, predominantemente luterana, não lhe oferecia esses elementos considerados por ele essenciais para o verdadeiro cristão. Foi isso que o fez se tornar um filósofo solitário e, na sua solidão, produzir as mais preciosas pérolas da filosofia existencialista, que continuam, ainda hoje, referenciadas nas academias. Além da filosofia, um conforto para sua alma atribulada foi a oração, que se mostrou, claramente, como uma poderosa arma no combate ao sofrimento. Kierkegaard mostrou que a pessoa que ora, mesmo angustiada, encontra alívio para as suas angústias, e pode, assim, produzir coisas que farão a diferença na sociedade. Uma de suas obras mais contundentes sobre a religião e suas correlações, inclusive a oração, é *Temor e tremor*, de 1843. Nela, filosoficamente afirma que, "quando o pecado entra em discussão, a ética fracassa, pois o arrependimento, implícito no sentimento de pecado, é a suprema expressão da ética, mas, ao mesmo tempo, constitui a mais profunda contradição da ética" (KIERKEGAARD, 1979, p. XI). Vemos, com isso, a estreita relação entre religião e moral, contida nessa obra de filosofia pura.

J. F. Regis de Morais (1990, p. 22) afirma que "a oração foi o conforto supremo da vida de Sören Kierkegaard, alma tensa e angustiada". Ele chegou a tal conclusão a partir da seguinte expressão do filósofo: "um Deus que quando mostra sua face não faz tremer o mundo, não é Deus – é uma fantasia" (KIERKEGAARD, 1990, p. 22). Como todo grande homem de oração, tinha um diário. Nele, deixou registradas algumas das suas principais orações. Elas eram como um combustível para sua alma aflita. Em quase todas as suas orações, iniciava se dirigindo a Deus com a seguinte expressão: "Pai Celeste!". Registramos aqui uma delas, que expressam sua íntima relação com Deus, reconhecendo nele a grandeza e a fragilidade humana.

> Pai Celeste! No mundo cá de fora, um é forte, outro é fraco. O forte, quem sabe, envaidece-se com a sua força; o débil suspira e, ai de mim, torna-se invejoso. Mas aqui, bem no interior de tua Igreja, todos somos fracos; aqui, perante tua presença, tu és o poderoso, só tu és o forte (Diário 1847; I, 378. KIERKEGAARD, 1990, p. 54).

As suas orações eram muito variadas, indo da petição ao agradecimento, mas sempre com um teor profundamente religioso e espontâneo, típico das orações protestantes, como de fato era o ambiente em que viveu. Aprendemos com Kierkegaard que há várias modalidades de oração e cada uma delas tem o seu valor e a sua eficácia. Veremos, adiante, mais algumas, as quais poderemos usar na nossa prática diária, porque as verdadeiras orações não envelhecem, pelo contrário, elas se renovam a cada dia, tornando-se, assim, formas eternas de contato com Deus.

Um outro grande expoente do pensamento social que dedicou um profundo estudo a respeito da oração, ou prece, foi Marcel Mauss (1872-1950). Também filósofo de formação, embora tenha se destacado como sociólogo e antropólogo, nasceu na França no ano de 1872. Estudou filosofia na Universidade de Bordeaux e história da religião na *École Pratique des Hautes Études*. Durante toda a sua carreira, esteve profundamente envolvido em trabalho de colaboração com o tio Émile Durkheim, do qual recebeu influência em boa parte de suas obras, sendo que uma dessas influências foi a perspicácia em abordar, com tanta sabedoria, temas do campo religioso. Sua obra intitulada *A prece*, de 1925, representa um divisor de águas no estudo dos fenômenos religiosos. Nela, ocupa-se da oração e da sua importância no conjunto dos fatos sociais. Mauss, segundo Cristian Macedo (2001), percebe que o caráter da oração diferencia-se de acordo com o contexto em que é realizada. Em momentos que se busca dirigir à Divindade e à sua influência, a oração tem cunho religioso, porquanto nasce e se resolve *in interiori hominis,* realçando o labor da religação. Por outro lado, se é portadora de intencionalidade pragmática e imediatista, assume um valor mágico, ou seja, encharca-se do desejo de intercessões miraculosas e fantásticas, intentando esvanecer as problemáticas da vida a partir de palavras ou rezas específicas. Para Marcel Mauss (2001, p. 229), a prece é um fenômeno religioso que dá, de maneira imediata, a impressão da vida, da riqueza e da complexidade que é o ser humano e sua relação com Deus. A oração é, segundo ele, a mola propulsora da vida religiosa. No alto de sua sabedoria antropológica, apontou as formas variadas de prece, elencando-as, uma a uma: a prece "adorativa e constrangedora, humilde e ameaçadora, seca e abundante em imagens, imutável e variável, mecânica e mental" (MAUSS, 2001, p. 229). Não vamos nos alongar nessas modalidades de preces, mas indicaremos, brevemente, as características de algumas, conforme o próprio Mauss já havia indicado. Elas poderão, ainda hoje, ser úteis na vida diária. Diz ele que cada uma dessas maneiras de orar desempenha sua função, como, por exemplo, "aqui é uma petição brutal, ali uma ordem, alhures um contrato, um ato de fé, uma confissão, uma súplica, um louvor, um hosana" (MAUSS, 2001, p. 229), enfim, não importa o que ela seja ou represente, o que importa mesmo é fazê-la, porque cada uma dessas, em seu tempo, cumpre a função que lhe corresponde. O que Mauss não perde de vista, ao analisar a prece, é o fato dela ser "um dos fenômenos centrais da vida religiosa" (MAUSS, 2001, p. 230) e, como tal, não poderíamos deixar de dedicar neste livro um capítulo à oração.

Passemos, agora, a indicar algumas maneiras de orar que podem ser eficazes, dependendo do fiel e das circunstâncias. O que vamos apontar são sugestões. Cada um deve analisar quais delas melhor se adaptam ao seu cotidiano. Vamos dividi-las em duas partes principais, isto é, o *estilo* e a *categoria*. Por *estilo*, entendemos a maneira como se reza, ou seja, o ambiente, a postura, as fórmulas e os recursos, e por *categoria*, subentende-se aquilo que já apontamos acima, em Marcel Mauss, como, por exemplo, a prece de petição, de agradecimento, de contemplação, de louvor, de queixa ou lamentações, de troca, etc. Essas características são pessoais, variando de pessoa para pessoa, de acordo com a religião, a tradição e a cultura de cada um.

Estilo de oração: pode-se orar sentado, ajoelhado, deitado, em pé, em movimento, enfim, como o fiel se sentir melhor. Há pessoas que se sentem sintonizadas com Deus ajoelhadas enquanto outras preferem estar sentadas. A postura do corpo é importante na oração desde que favoreça o seu sentimento de compenetração e ligação com Deus. Portanto, quando for orar ou rezar, escolha a maneira que melhor se adapte ao seu estilo. Vale lembrar aqui uma pequena diferenciação entre rezar e orar. Apesar de serem sinônimos, alguns fazem certa diferenciação entre esses dois termos. O primeiro, rezar, significa recitar orações escritas, previamente elaboradas, e orar significa algo mais espontâneo, feito de improviso, no momento de contato com o sagrado. Trataremos, aqui, de ambas as expressões como sinônimos.

Um outro fator importante, quanto ao estilo de orar, é o ambiente. Se você não tem o hábito de orar, sugiro, para uma melhor concentração, que comece escolhendo um ambiente silencioso, como o interior de uma igreja, um bosque ou mesmo o interior de sua casa, desde que ela favoreça a concentração. Se você não se prende a orações previamente elaboradas, por achá-las inadequadas para a dificuldade que está passando, faça uma espécie de diálogo com Deus. Coloque diante dele, verbalmente ou mentalmente, todos os seus sentimentos, sejam eles de alegria, tristeza, raiva ou indiferença. Faça uma entrega total de tudo e mentalize seus sentimentos e as respostas que, de uma forma ou de outra, virão desse contato. Não tenha pressa em obtê-las. Elas virão no tempo certo. Saiba, porém, que o tempo de Deus não é o seu tempo. O nosso tempo é *cronológico* e o tempo de Deus é *kairológico*. Portanto, não queira que a resposta de Deus venha na hora que você deseja. Saber esperar é uma das artes de orar. Assim sendo, no momento certo você terá uma resposta. E essa, nem sempre será a que você espera, mas se você, de fato, crer, saberá tirar proveito da resposta que Deus lhe der, porque Ele sabe o que é melhor para cada um de nós.

Há coisas que não são passíveis de reversão, como, por exemplo, querer que Deus traga de volta uma pessoa que já morreu. O que Ele poderá fazer é trazer de volta um novo sentido para sua vida diante da perda, mas nunca a pessoa que você perdeu. Portanto, rezar ou orar não significa receber soluções mágicas da parte de Deus. Uma dose de realismo é muito importante na oração.

Categoria de oração: como vimos, a oração poderá ser de petição, isto é, uma forma de pedir algo a Deus. Esta talvez seja a maneira mais comum de se dirigir a uma divindade. Procura-se Deus ou os santos para pedir algo, seja saúde, bem-estar, dinheiro, soluções para problemas pessoais e familiares, sorte na vida, no amor, nas amizades, etc. A oração poderá ser de ação de graças ou agradecimento. Agradece-se a Deus ou aos santos por ter alcançado uma graça, seja a cura de uma enfermidade, um emprego, um amor, enfim, agradece-se o que foi pedido e alcançado na oração anterior. Esse agradecimento pode ser em forma de orações ou de retribuições materiais, como a doação de dinheiro, alimento, bens simbólicos, como as práticas penitenciais, figuradas nas promessas. Existem muitas orações, fórmulas prontas, tanto de petição como de agradecimento. A oração do *Pai Nosso* (Mt. 6: 9-15) é uma das que engloba várias dessas categorias, como o reconhecimento, o agradecimento e a petição. Essa oração é uma das mais conhecidas e repetidas, perdendo apenas para a oração da *Ave Maria* (Lc. 1: 42-45), que, devido ao rosário e ao terço, seja, talvez, a mais repetida entre os católicos. Ambas são formulações de textos bíblicos e tratam da sintonia entre Deus e os seres humanos, elemento essencial numa oração. Há na *Bíblia*, tanto no Antigo como no Novo Testamento, muitas outras fórmulas de oração, como a coleção dos 150 *Salmos*, a oração de Azarias na fornalha (Dn. 3: 26-50), a prece de Daniel na cova dos leões (Dn. 6: 12), a bênção de Aarão (Nm. 6: 24-26), as lamentações de Jó (Jó, 42: 1-6), as inúmeras orações de Jesus, e tantas outras. Todas têm a mesma estrutura: o ser humano, Deus e uma situação intermediária. O elemento fundamental e motivador das orações são as situações intermediárias. É preciso ter, antes, um acontecimento no âmbito das relações sociais, da vida, para que surja a necessidade de oração.

Temos um exemplo claro nas orações ou lamentações de Jó. René Girard lembra que "Jó lamenta, assim, os males físicos, mas este lamento particular pode relacionar-se, sem esforço, com o motivo fundamental de suas queixas. É vítima de inumeráveis brutalidades; a pressão psicológica que pesa sobre ele é insuportável" (GIRARD, 1989, p. 16). São motivações como essas que impulsionam a oração. Vemos na história da vida religiosa que as mais belas orações nasceram de momentos de profunda angústia, como as de São João da Cruz (*noite escura*) e Teresa de Ávila.

São João da Cruz (1993, p. 35), entre tantas de suas orações, afirma: "Quando tiveres teus desejos apagados, tuas afeições na aridez e angústias, e tuas faculdades incapazes de qualquer exercício interior, não sofras por isso; considera-te feliz por estares assim. É Deus que te vai livrando de ti mesmo, e tirando-te das mãos todas as coisas que possuis".

Quanto à Teresa de Ávila, a oração ocupava um lugar central em sua vida e em sua doutrina. As orações dela têm influenciado profundamente a oração de muitos, sobretudo por sua maneira de orar. Dizia ela: "oração mental não é outra coisa, a meu parecer, senão tratar de amizade, estando muitas vezes tratando a sós com Quem sabemos que nos ama" (Vida 8,5), ou, "a oração consiste em tratar a Deus como um pai, um irmão, um Senhor e um Esposo" (Caminho 28,3). Lembrava com insistência: "para aproveitar muito neste caminho, o importante não está em pensar muito senão em amar muito; e assim o que mais desperta para amar, isto fazei" (4 M 1,7; F 5,2). Dizia, ainda, sobre a oração: "a oração é onde o Senhor ilumina para entender as verdades" (Fundações 10,13). Teresa de Ávila deixou consignado em suas obras maravilhosas um método completo de oração mental e vocal, estudando todas as etapas que deve percorrer a alma para que chegue aos últimos graus da oração.

Para orar bem, é preciso um tempo de prática espiritual. Comece exercitando aos poucos, reservando, a cada dia, um momento para oração. Sem que perceba, gradualmente, você terá o hábito de orar, terá uma vida de oração. Quem tem uma vida de constante oração, tem mais força para enfrentar as agruras da vida. Para ajudar na sua espiritualidade, tenha sempre à cabeceira de sua cama um bom livro de oração, como os dos místicos supracitados ou outros mais simples, mas que possa ajudá-lo nesse processo de busca de contato com Deus.

Como tudo na vida, oração deve ser exercício, deve ser uma prática diária, como tantas coisas que fazemos, sem perceber, diariamente, com a diferença, porém, que não dever ser algo mecânico, por obrigação ou por medo. Faça pelo simples prazer de poder conversar com Deus. Não existe nada mais sublime.

13. O segredo da longevidade

"A vida só pode ser compreendida olhando-se para trás, mas só pode ser vivida olhando-se para a frente."

Sören Kierkegaard

Envelhecer é um paradoxo. Parece um contrassenso, mas, na verdade, o passado não é coisa do passado, principalmente quando ultrapassamos os limites da chamada *terceira idade*. Nessa etapa, costumamos fazer uma espécie de retrospectiva, e o que era passado acaba por se tornar presente, alimentando a vida que já não é mais como antes, cheia de perspectivas. Desse modo, o que passou não é algo do passado, porque, depois de uma certa idade, o presente é vivido em função do que fomos e fizemos no passado. O tempo da velhice, muitas vezes, se transforma num período de *ruminar* o passado. Como a espécie bovina que, durante o dia, pasta todo o capim que vê pela frente e, à noite, tranquilamente, regurgita e remastiga, vagarosamente, tudo aquilo que durante o dia foi engolido de forma aleatória, sentindo, assim, uma espécie de prazer retardado. Assim é a etapa da velhice.

Na infância, o tempo passa vagarosamente. Tem-se a sensação de que um ano é uma eternidade. Na adolescência, o tempo começa a ter outro significado, mas continua igualmente lento. Na juventude e na idade adulta, devido à correria desenfreada que a vida proporciona, o tempo parece se acelerar ao ritmo da vida. Tudo passa tão rápido que, quando percebemos, não somos mais tão jovens e muitas das conquistas ainda estão por vir.

Na idade adulta, as coisas começam a se estabilizar e o mundo passa a ser visto com novos olhares. O tempo continua sendo um elemento muito importante, mas os passos dados nos dão também a confiança de que tudo tem o seu tempo certo. As ambições, os sonhos e os projetos devem continuar porque eles dão sentido para as nossas lutas. O diferencial é que agora eles são encarados de forma mais real, amadurecida, mais natural que antes. Por um lado, queremos progredir, adquirir bens, tanto reais quanto simbólicos, e isso favorece uma vida equilibrada e saudável porque voltamos a atenção para metas a serem atingidas, sem nos preocuparmos com as neuroses que se instalam na cabeça dos que são desocupados.

Por outro, corremos risco de não termos um olhar atento às coisas e pessoas que estão à nossa volta e que interagem conosco, tornando-nos, assim, pessoas que agem mecanicamente ou em função do que virá. Não percebemos que o que virá é a velhice e a frustração de não ter vivido a vida como deveria. Corremos o risco de perder as grandes belezas e prazeres da vida, presentes nas pequenas coisas, nos detalhes, porque o querer *fazer*, o *poder* e o *ser* ofuscaram nossos olhares, fazendo com que a beleza do dia a dia passe desapercebida, ficando apenas no *mundo imaginal* da memória, como sugeriu Michel Maffesoli (1995, p. 17). Essas imagens, na fase da senilidade, retornam como uma miragem daquilo que fomos sem nunca, de fato, termos sido. A isso chamamos de saudade.

A saudade é a confirmação das ausências. Só sentimos saudade daquilo que tínhamos e que não temos mais. A velhice consiste numa espécie de saudade. É o sentimento predominante nessa fase da vida. Saudade nem sempre de coisas reais, mas, sobretudo, de coisas ideais, imaginárias, que existem no hoje da memória sem nunca, na realidade, terem existido, ou ainda, que existiram de forma bem diferente da que visualizamos hoje. É a idealização do passado em detrimento do presente, seja de coisas, situações ou pessoas. Tudo parece que era diferente do que vivemos no momento e, assim, o encantamento do passado se transforma em desencantamento do presente. É o sintoma de que estamos, de fato, velhos.

Uma das características que denotam que estamos ficando velhos é quando começamos a dizer, "no meu tempo é que era bom"; "naquele tempo as coisas eram melhores"; "antigamente as coisas eram mais fáceis"; "os jovens de hoje já não são como antigamente". Enfim, essas e tantas outras expressões apontam que não estamos vivendo mais o presente e nos alimentamos das coisas passadas. Essas lembranças são, como disse, idealizadas. A idealização do passado é um recurso da memória para sustentar a dureza da realidade da vida que se esvai. Uma vida que não oferece mais grandes emoções e esperanças futuras. É tempo de tentar conter a vida que vemos como que a escapar por entre os dedos de nossas mãos, como se fosse um líquido que flui. É a tão temida fase da senilidade, em que as marcas e características se evidenciam no rosto, nas mãos e no andar, por mais que tentemos disfarçar.

Essa é a velhice vista a partir da ótica do jovem ou do adulto. Os sentimentos descritos foram recolhidos das informações sobre a velhice descrita por quem ainda não envelheceu. Será que é isso mesmo que os velhos sentem? Será que a vida na velhice é vista através desse prisma? Foi com essas e outras interrogações que mergulhamos no universo das pessoas acima dos 65 anos, fase que a sociedade delimita como terceira idade, isto é, a velhice.

A primeira coisa que descobrimos é que a sociedade está equivocada quando coloca um limite, um marco, uma fronteira exata para a velhice. Com o avanço da ciência e o aumento da perspectiva de vida, a velhice não chega mais aos 65 anos. Com essa idade, as pessoas não são mais consideradas velhas e muito menos se sentem velhas. A maioria absoluta está em plena forma, produzindo com capacidade igual, ou superior, que uma pessoa de trinta anos, com a vantagem de ter uma bagagem bem maior do que quando era, cronologicamente, mais jovem. Elas não estão envelhecidas nem no físico, nem na aparência, e muito menos no espírito. Porém, estando-se nessa idade e afastadas do mercado oficial de trabalho, isto é, aposentadas, estão, portanto, numa fase propícia para desfrutar a vida naquilo que ela tem de melhor: a não obrigação de cumprir funções no mercado de trabalho. O que antes nem sempre era possível, devido às inúmeras obrigações, sejam do trabalho, carreira, responsabilidade familiar ou da própria idade em que são cobradas produções. Agora, porém, ocorre um desvencilhar dessas obrigações sociais e, por isso, viver ganha novo significado.

Portanto, a vida para quem está nessa fase não é vista como etapa da senilidade, mas, sim, da serenidade. É tempo de calmaria, como o barco cargueiro que ancorou no cais depois da longa travessia de um mar tempestuoso. A calmaria que vem depois da tempestade tem um sabor especial de vitória, de missão cumprida, de segurança e paz. As tumultuadas fases que a antecederam deixaram marcas, positivas e negativas, porém, são coisas do passado, existentes apenas na lembrança. Agora, a vida sem grandes acontecimentos ou novidades está aí para ser vivenciada sem preocupações. É hora de fazer o que antes não foi possível. Se a idade traz algumas limitações, traz também vantagens e oportunidades que outras idades não têm.

Não que os problemas tenham deixado de existir nessa etapa da vida. Eles também são outros. Se você soube trabalhar seu equilíbrio emocional nas etapas anteriores da vida, agora saberá lidar com sabedoria com as dificuldades típicas dessa fase. Se você não sabe como lidar com elas, procure ajuda. O que importa é ter força de vontade e desejo de viver, apesar dos problemas. Às vezes, o que deixa de existir, quando envelhecemos, é o interesse pelas coisas que antes eram tidas como imprescindíveis e significantes para a existência. Agora, as significações são outras, e o olhar, o sentimento e o prazer mudam seu foco. Como já dissemos, nessa faixa etária, alguns se alimentam daquilo que está registrado na memória, e outros refazem a vida, redescobrindo valores que são possibilitados apenas por essa idade. Outros, ainda, fazem as duas coisas, e esses talvez sejam os mais realizados, porque, desse modo, demonstram que foram, são e continuarão sendo felizes. Descobrir a beleza de cada idade, de cada tempo, eis um grande motivo para estar de bem com a vida.

Por um lado, existe esse aspecto de se alimentar do passado, por outro, existe o estoque de sabedoria que foi acumulada durante a vida e que faz com que as pessoas mais velhas não se importem tanto com as efemeridades da juventude e idade adulta. O olhar e os sentimentos se tornam mais acurados, exigentes, isto é, mais sábios. Sabem, culturalmente, distinguir entre o efêmero e o eterno. Nessa idade, aquilo que é *lixo cultural* é jogado, de fato, no lixo, permanecendo apenas o que é eterno.

Recentemente, numa entrevista concedida a uma jornalista, o escritor Ariano Suassuna dizia que o lixo cultural é tudo aquilo que é descartável, que passa, que, mais cedo ou mais tarde, cai no esquecimento, como os Beatles, Elvis Presley e tantos outros que, momentaneamente, estão visíveis ou que já foram esquecidos e que não merecem sequer serem citados, enquanto eterno é Mozart, Beethoven, Vivaldi ou Van Gogh, Goya, Matisse... Esses e tantos outros imortais, o tempo não conseguirá apagar, porque se eternizaram e apenas os olhos, ouvidos, enfim, a sensibilidade apurada consegue captar.

O ouvido e o olhar sensível da pessoa de idade avançada captam somente o que é essencial. O essencial, invisível aos olhos da juventude, se torna visível no olhar lapidado do idoso. Os sons mais refinados, inaudíveis na infância e juventude, vão se decantando no processo de envelhecimento, tornando os ouvidos cada vez mais sensíveis, receptores apenas do que é belo. É por isso que a maioria dos ruídos, como guitarras, baterias e baixos, tão apreciados entre os jovens, se tornam sons agressivos aos ouvidos da pessoa envelhecida.

Isso tudo nos leva a refletir sobre a mutabilidade das coisas e do nosso próprio ser. O que ocorre nesse momento, no seguinte já faz parte do passado. Assim, o presente nada mais é que uma lembrança do passado. É nesse sentido que o filósofo Heráclito chamou a atenção para a perene mobilidade de todas as coisas. Segundo ele, nada permanece imóvel e nada permanece em estado de fixidez e estabilidade, mas tudo se move, tudo muda, tudo se transforma, sem cessar e sem exceção, *tudo flui*. Para ele, só o *devir* das coisas é permanente, no sentido de que as coisas não têm realidade senão justamente no perene *devir*. O tempo é o puro devir. O tempo é puro transformar-se, é o puro conceito, o simples, que é harmônico a partir de absolutamente opostos. Sua essência é ser e não ser, sem outra determinação – ser puro e abstrato não ser, postos imediatamente *numa* unidade e, ao mesmo tempo, separados.

Para Heráclito e também para os que adquiriram a sabedoria da idade, o tempo é como se *fosse* e, ao mesmo tempo, *não fosse*. Para eles, o tempo *é* isto: ser e imediatamente não ser. Esse não ser e imediatamente ser – esta mudança de ser para não ser, este conceito abstrato, é, porém, visto de maneira objetiva. O tempo não é o passado e o futuro, é somente o agora. E, este *é*, para não ser, está logo destruído, passado – e este não ser passa, do mesmo modo, para o ser, pois ele *é*. É a abstrata contemplação da mudança, do fluir dos contrários de que é composta a vida.

Desse modo, passado e futuro são dois conceitos imaginários, que só existem enquanto presente. O único, porém, que supomos ser real, é o presente, mas esse é tão passageiro, tão fugaz e efêmero que, quando o sentimos, já se foi. Não o vivemos de fato, porque nossa mente está ou no futuro, quando somos jovens, ou no passado, quando envelhecemos. Só que o futuro é irreal porque ainda não existe. Ao chegar, deixou de ser futuro para tornar-se, momentaneamente, presente. Porém, o presente, como vimos, já é passado. Dessa forma, quando podemos vislumbrar o presente, ele já não nos pertence mais, é passado. Assim, aquilo que é presente, no instante seguinte já é passado, e o que de fato temos é o reflexo do presente que se tornou passado. Ficam, na nossa memória, apenas os registros de nossas conquistas e fracassos, e a lembrança de quando passamos pelos momentos que ficaram no passado.

Se para os jovens e adultos a vida é um constante devir, um contínuo conflito dos contrários que se alternam, uma perene luta de um contra o outro, uma guerra perpétua, para quem já atingiu a idade da sabedoria, esse tempo vivido é um tempo de estabilidade ou perenidade. Essas coisas só têm realidade ou sentido no perene devir dos jovens. Na idade madura, elas se revelam como reflexo da realidade das coisas.

O filósofo Platão tratou muito bem dessa reflexão no *mito da caverna*, quando afirmava que esse mundo real é apenas o reflexo de um mundo de imagens que existe numa outra dimensão. Faço, agora, uma paráfrase desse mito platônico, comparando com o que ocorre na *caverna da terceira idade*. Para isso, aplico uma reflexão similar a que fez Marilena Chauí (2003, p. 45), porém, adaptei-a para o contexto da velhice.

Vemos, nesse aspecto, que o tempo que passa, transforma a velhice numa caverna escura, onde acorrenta aqueles que envelhecem. De dentro dessa caverna, que é a velhice, a pessoa vê apenas os reflexos vindos de fora, do seu tempo de outrora, do passado. O que aconteceria se ela pudesse sair dessa caverna na qual ela está confinada e voltasse ao seu tempo de juventude? Em primeiro lugar, acredito que se olharia a velhice de forma diferente, de uma nova maneira, veria os outros velhos, as dificuldades e a sabedoria adquirida. Embora dolorido pelos anos de debilidade, resultado das algemas do tempo, começaria a transformar muita coisa na sua vida, dirigindo-se novamente para a velhice, mas com um novo olhar, e, na velhice, deparando com o caminho ascendente; nela, a pessoa adentraria ainda mais sábia. Num primeiro momento, o sentimento seria de confusão, pois a juventude, na verdade, é o raiar da vida, e a pessoa que retornou da velhice ficaria inteiramente deslocada nela. Depois, acostumando-se com a alegria e a veleidade de ser jovem, veria as pessoas que se transformam, prosseguindo no caminho do envelhecimento. Enxergaria a própria vida descortinando e descobriria que, durante toda sua vida, não vivera senão de sombras de imagens e que somente agora está contemplando a própria realidade. Desse modo, a pessoa, libertada e conhecedora do mundo, regressaria à caverna da velhice e, desnorteada pela escuridão dos que não fizeram tal experiência, contaria às outras o que viu e tentaria libertá-las. O que lhe aconteceria nesse retorno? Os demais idosos, prisioneiros da velhice que só vivem do passado, zombariam dela e não acreditariam em suas palavras e, se não conseguissem silenciá-la com suas caçoadas, tentariam fazê-lo humilhando-a e chamando de caduca ou louca. Se mesmo assim ela teimasse em afirmar o que viu no real envelhecimento, e os convidasse a sair da caverna da velhice alienada, certamente acabariam por matá-la. A morte seria, assim, o complemento de uma vida bem vivida, resultado do vislumbrar da existência a partir de uma realidade rediviva. Desse modo, o mito da caverna de Platão nos ensina a olhar a realidade e perceber o que é essencial, o que é valoroso e qual o sentido da vida.

Nessa perspectiva, as pessoas idosas, muitas vezes, acabam por viver acorrentadas dentro de uma caverna, a velhice, onde, voltadas para seu interior, ou seja, seu mundo particular ou mesmo seu passado, pouco ou nunca conheceram o mundo externo, não aproveitaram a vida naquilo que ela tem de melhor. Às vezes, foram pessoas tão preocupadas com o ter ou os afazeres que nem sequer podiam mover a cabeça, como os que estão na caverna de Platão. Sua vida foi apenas sombras projetadas na parede da história, através daquilo que outros lhes passavam.

Para essas pessoas, a realidade não passa de um grupo de sombras. Mas se elas se libertassem e saíssem dessa caverna, embora se defrontando com a ofuscante luz do sol da realidade, conheceriam um mundo infinitamente lúcido e rico. Haveria, então, dois mundos. O visível, dentro do qual a maior parte das pessoas se aprisiona, e o inteligível, pertencente aos que superam a ignorância e encontram o verdadeiro sentido da vida. Este suposto mundo diferenciado, ou *superior*, ao qual Platão se referia, é um estágio que atinge a pessoa sábia, capaz de desvendar um universo diante de si, invisível aos olhos dos que estão aprisionados. Quem conseguir perceber essa realidade deve voltar à caverna para instruir aqueles que ainda não conseguiram atingir esse estágio. É desse modo que o mito da caverna em muito lembra o tempo da velhice. Portanto, diante de tudo o que a pessoa já descobriu, do conhecimento adquirido e do que ela já viveu, é comum que ela, na velhice, se embrenhe no mundo das lembranças e esqueça de viver o presente. Buscar a saída dessa condição é um desafio necessário e quem conseguir superar terá uma vida de qualidade. Para isso, basta saber colocar o que passou no seu devido lugar, isto é, no passado.

Émile Durkheim afirmou que "como o passado não existe mais, como nada podemos sobre ele, parece ter apenas um interesse de mera curiosidade" (DURKHEIM, 2002, p. 22). Na verdade, Durkheim mostra que "o presente no qual somos convidados a nos encerrar não é nada por si; é apenas o prolongamento do passado, do qual não pode ser separado sem perder grande parte de todo seu significado" (DURKHEIM, 2002, p. 22). Dessa forma, aquilo que a velhice nos apresenta como mera reminiscência das coisas que passaram é, na verdade, o ápice da vida. O tempo das cristalizações daquilo que antes eram vulneráveis, mutáveis. Por isso, é muito difícil conseguir fazer com que uma pessoa, na velhice, mude de opinião. Assim sendo, aquilo que vivemos como presente nesta fase última da vida é, na verdade, segundo Durkheim (2002, p. 22), "formado por inumeráveis elementos, tão estreitamente entrelaçados uns nos outros que é difícil perceber onde começa um, onde termina outro, o que cada um é e quais suas relações; a observação imediata, pois, só nos fornece uma impressão vaga e confusa" daquilo que chamamos de presente.

Na velhice, a melhor maneira de viver é não perder as referências do passado, cultivando as lembranças boas, sem negligenciar as benesses do presente, isto é, aquilo de bom que essa realidade oferece. É bom ter saudade, porém, sem ser saudosista. O que não devemos é, em função da saudade, engrandecer o passado e menosprezar o presente. É preciso cultivar a história sendo a própria história. Nas palavras de Durkheim (2002, p. 22) seria, portanto, procurar na história como os acontecimentos se deram, como eles vieram acrescentar-se gradativamente uns aos outros, combinar-se, organizar-se, para que tivéssemos, nessa etapa da vida, um panorama da nossa existência e das coisas que fizeram parte da mesma e nos fez ser o que somos. Para que isso aconteça, é preciso que sejamos pessoas decididas, sempre prontas a recomeçar, mesmo que isso custe algum tipo de sofrimento, como nos mostra a fábula da águia que, depois de um tempo de vida plena de atividades, começa um processo de decaída. Para não morrer, ela busca recuperar seus instrumentos naturais de sobrevivência e, assim, prolonga sua existência por mais tempo. Assim deve acontecer conosco. Buscar, dentro de nós, a partir daquilo que a vida nos ensinou e as formas de resistências adquiridas, um novo ânimo para a vida, mesmo que nos sintamos *envelhecidos*. Vejamos, a seguir, como esta fábula ensina o segredo da longevidade.

A águia é a única ave que chega a viver setenta anos. Porém, para isso acontecer, por volta dos quarenta anos, ela precisa tomar uma séria e difícil decisão. Nessa idade, suas unhas estão compridas e flexíveis, e não conseguem mais agarrar as presas das quais se alimenta. Seu bico alongado e pontiagudo curva-se. As asas, envelhecidas e pesadas em função da espessura das penas, apontam contra o peito. Voar torna-se algo difícil. Nesse momento crucial de sua vida, a águia tem duas alternativas: não fazer nada e morrer, ou enfrentar um dolorido processo de renovação que se estenderá por 150 dias. Diante disso, a águia decide enfrentar o desafio. Ela voa para o alto de uma montanha e recolhe-se em um ninho próximo a um paredão, onde não precisará voar. Aí, ela começa a bater com o bico na rocha até conseguir arrancá-lo. Depois, espera nascer um novo bico, com o qual vai arrancar as velhas unhas. Quando as novas unhas começarem a nascer, ela passa a arrancar as velhas penas. Só após cinco meses ela pode sair para o voo de renovação e viver mais trinta anos.

De acordo com comprovadas pesquisas, as pessoas têm, atualmente, uma expectativa de vida superior a que se tinha há cem anos. Se no início do século passado era comum morrer com quarenta ou cinquenta anos, sendo, portanto, considerada velha nessa faixa etária, hoje, dizem que a vida começa aos quarenta e a expectativa de vida da população é de, aproximadamente, 75 anos. Porém, pode-se viver muito mais que isso. Para se atingir oitenta, noventa ou cem anos, é preciso que, não aos quarenta, como a águia, mas aos 65, fronteira oficial da terceira idade, tome-se a difícil decisão de não querer se enquadrar nos rótulos e preconceitos que a sociedade atribui a essa idade. E isso só depende de nós.

Por isso, nessa faixa etária, comece a tomar decisões arrojadas. Faça coisas que você não pode ou não teve oportunidade de fazer na juventude, como, por exemplo, escrever um livro, voltar a estudar, viajar. Lembro aqui uma história contada por um amigo, a qual registrei num outro livro, sobre uma senhora de 87 anos que voltou a estudar e, na universidade, deu grandes lições de vida aos seus colegas jovens. No dia da formatura, convidada para ser a oradora do grupo, mostrou o quanto a vida ainda pode oferecer de bom nessa idade, desde que não se perca o encanto pela vida. Dizia ela:

Não deixemos de brincar só porque estamos velhos; ficamos velhos porque deixamos de brincar. Há apenas quatro segredos para manter-se jovem, ser feliz e triunfar. Temos de rir e encontrar bom humor todos os dias. Temos que ter um ideal. Quando perdemos de vista nosso ideal, começamos a morrer. Há tantas pessoas caminhando por aí que estão mortas e nem sequer sabem! Há uma grande diferença entre estar velho e amadurecer. Se vocês têm dezenove anos e ficam na cama um ano inteiro sem fazer nada produtivo, se converterão em pessoas de vinte anos. Se eu tenho 87 anos e fico na cama por um ano sem fazer nada, terei 88 anos. Todos podemos envelhecer. Não requer talento nem habilidade para isso. O importante é amadurecer encontrando sempre a oportunidade na mudança. Não me arrependo de nada. Os velhos geralmente não se arrependem do que fizeram, senão do que não fizeram. Os únicos que temem a morte são os que têm remorso (PEREIRA, 2004, p. 108).

Os velhos são, comumente, considerados conservadores, porém, é exatamente esse aspecto que os torna sábios. Aqueles que sabem conservar as coisas boas da vida nunca terão seus espíritos envelhecidos. Rose, no seu discurso, nos ensina que devemos conservar o aspecto brincalhão dos jovens porque esse é o segredo da eterna juventude ou da longevidade. Ensina-nos que rir, independente da idade, é muito importante para a vida ter qualidade. O riso possui a magia de transformar as desgraças em graças, e a vida, se desgraçada pela tristeza, com a eficácia do riso, torna-se engraçada. Assim, a vida fica sem graça quando deixamos de rir. Deixamos de rir quando perdemos os ideais, os sonhos, as buscas, os projetos, a esperança. Segundo ela, quando começamos a perder esses elementos, não começamos a envelhecer, e sim, a morrer. Lembra-nos, com isso, que a morte não significa apenas o parar de bater do coração, mas o parar de ter ideais. Se as estatísticas computassem também esse tipo de morte, teríamos, entre os jovens, um índice alarmante dos que perdem a vida, vítimas da fatalidade de terem perdido seus ideais. Envelhecer, portanto, não necessita de nenhum tipo de aprendizagem ou técnica. É um processo existencial que acontece naturalmente com o decurso dos anos. Agora, envelhecer como processo de amadurecimento, com sabedoria, necessita de esforço e dedicação continuada. Necessita de se renovar constantemente, dando, a cada dia, um novo significado à vida.

O poeta Menotti Del Picchia escreveu um belo poema sobre o envelhecer. Neste poema, ele assim se expressa: "Que sabes tu do fim? Se temes que seu mistério seja uma noite, enche-a de estrelas. Conserva a ilusão de que teu voo te leve sempre mais para o alto. No deslumbramento da ascensão, se pressentires de que amanhã estará mudo, esgota como um pássaro, as canções que tens na garganta. Canta! Canta para conservar uma ilusão de festa e de vitória. Talvez as canções adormeçam as feras que esperam devorar o pássaro. Desde que nasceste não és mais que um voo no tempo. Rumo ao céu? Que importa a rota! Voa e canta enquanto resistirem as asas". Se a anciã Rose sugere o riso para engraçar a vida, Menotti Del Picchia sugere o canto. Sábio o provérbio que diz "quem canta os males espantam". Rir e cantar recobrem a vida de sentido.

Albert Camus assim expressou: "perder a vida é uma ninharia e terei coragem quando for preciso. Mas ver dissipar o sentido da vida, desaparecer nossa razão de existir, eis o insuportável". Quando a vida perde o sentido, ela fica insuportável e é então que morremos.

Nesse sentido, Jean Baudrillard (1996, p. 220), ao falar da terceira idade e dos avanços da ciência e da racionalidade do sistema, diz que ele é paradoxal. Isto é, o avanço tecnológico e científico possibilita o prolongamento da vida, mas, ao mesmo tempo, tornam aqueles que chegaram a essa idade um *considerável peso morto na gestão social*. Tudo isso porque colocam as pessoas, nessa fase da vida, numa espécie de *parasitismo econômico e de segregação*. Desse modo, a "terceira idade expressa bem o que deseja exprimir: é uma espécie de Terceiro

Mundo" (BAUDRILLARD, 1996, p. 220) da existência, onde todos a veem como um tempo de dificuldades e privações, portanto, temida e evitada. Não devemos deixar que ocorra isso conosco. Lutar pela dignidade depende única e exclusivamente de nós mesmos.

Ainda bem que não é apenas isso que apontou Baudrillard que ocorre entre boa parte dos que já chegaram nessa fase da vida. Em minha pesquisa de campo para uma tese de doutorado, tive oportunidade de entrevistar muitas pessoas acima de 65 anos. Todas em plena forma física e que se diziam felizes. Eles partilharam como conseguiram atingir setenta, oitenta e noventa anos e se manterem saudáveis, com perspectivas e esperança de viver mais. Fiz questão de selecionar alguns costumes, práticas diárias e recomendações dadas por essas pessoas. As características que mais sobressaíram entre os membros desse grupo foram reunidas e apontadas abaixo. Elas podem servir para outros que queiram manter-se saudáveis e viver por mais tempo. A seguir, vejamos alguns dos conselhos dados por quem ultrapassou a margem da *terceira idade*:

- Consulte regularmente um médico e faça exames periódicos;
- Cultive a espiritualidade;
- Faça, sob orientação médica, caminhadas regulares e, se puder, pratique natação;
- Sob a orientação de um profissional, pratique algum tipo de exercício que inclua meditação e movimentos corporais, como, por exemplo, ioga, pilates, etc;
- Desenvolva e cultive o hábito de ouvir boas músicas (clássicas, gregorianas e músicas instrumentais de qualidade);
- Mantenha hábitos alimentares saudáveis: consuma frutas, verduras e legumes. Para saber qual a melhor forma de

se alimentar corretamente, de acordo com seu biotipo, procure orientação de um nutricionista. Evite alimentos enlatados;

- Beba muita água (mineral, filtrada ou fervida). Evite refrigerante ou qualquer outra bebida artificial. Evite também bebidas alcoólicas e cigarros.
- Procure dormir regularmente, mantendo sempre o mesmo horário para se deitar e se levantar. Para um sono tranquilo, procure adaptar o ambiente, longe de ruídos ou de qualquer coisa que possa dissipar o sono, como computadores, TV ou aparelhos de ginásticas no quarto;
- Se tiver oportunidade, vez por outra, procure um massagista para massagens relaxantes;
- Ao sinal de qualquer sintoma diferente, procure um médico e exponha o problema;
- Cultive boas amizades. Reserve um tempo para encontrar com amigos. Uma conversa descontraída ajuda a tornar a vida mais alegre. Procure rir muito. O riso faz bem em qualquer idade. Ria com os outros, nunca dos outros. Rir de si mesmo é um remédio eficaz contra o baixo-astral;
- Priorize na sua vida momentos de lazer. Vá ao cinema, teatro, passeios, diversões com amigos. Evite bingos ou outros jogos de azar que viciam;
- Exercite a memória através de boas leituras e jogos como xadrez, quebra-cabeças, palavras cruzadas, que também são um bom exercício para a memória. Se tiver oportunidade, faça teatro, participe de um coral. Ensine aos outros o que você sabe e busque aprender com eles o que você ainda não sabe;

- Preserve o hábito da escrita manual: escreva cartas, poemas, textos sobre assuntos que sejam de seu interesse, faça um diário. Participe de concursos;
- Procure se ocupar de alguma atividade artística, como desenhar, pintar, tocar algum tipo de instrumento, cantar, confeccionar artesanatos, enfim, alguma coisa que ocupe positivamente a mente e as mãos;
- Se não tiver nenhuma contraindicação médica, tome, durante as refeições, uma taça de um bom vinho tinto. Seu coração agradece;
- Depois do almoço, reserve uns minutos para descanso. A sesta é um ótimo meio de recompor energia, exceto se houver recomendações médicas contrárias a essa prática;
- Faça viagens com amigos a lugares que você ainda não conhece;
- Procure participar de alguma atividade filantrópica, ONGs ou colabore, como voluntário, em alguma instituição de caridade. Se você for uma pessoa religiosa, participe de alguma atividade pastoral em sua paróquia, igreja ou comunidade.

Todos esses conselhos ajudam a envelhecer com saúde. Velhice não é sinônimo de doença. Ser velho é sinônimo de vida vivida. Ficar velho e ter boa saúde é consequência de uma vida regrada, cuidada. Eis, portanto, o segredo da longevidade. Quando assim vivemos, não tememos a morte biológica, natural, aquela que todos, um dia, de uma forma ou de outra, teremos. Procure investir na sua qualidade de vida. Seu exemplo será uma das melhores maneiras de ensinar aqueles que ainda não chegaram a essa idade.

Madre Teresa de Calcutá deixou sábios exemplos de como viver todas as etapas da vida, inclusive a velhice, com força e coragem. Dizia ela: "lembre-se sempre de que a pele enruga, os cabelos se tornam brancos, os dias se convertem em anos... Mas o importante não muda: sua força interior e sua convicção não têm idade". Devemos saber sempre, afirmava ela, que depois da linha de chegada, há sempre uma de partida. Depois de cada êxito, há outro desafio. Que devemos, enquanto estivermos vivos, nos sentir vivos. Muitas vezes, na velhice, sentimos falta do que fazíamos antes. E ainda: "se sente falta do que fazia, volte a fazê-lo. Não viva de fotos amarelas". Ninguém precisa abandonar trabalhos e atividades só porque está na terceira idade, mesmo que todos esperem que abandone. Não deixe que oxide o ferro que há em você. Faça com que em vez de pena, lhe tenham respeito. Quando, por causa dos anos, não puder correr, trote. Quando não puder trotar, caminhe. Quando não puder caminhar, use bengala. Mas nunca se detenha.

Para concluir essa reflexão sobre o envelhecer, deixo registrada uma espécie de prece que recebi de um amigo, cujo autor desconheço. Chama-se "Oração para quem está envelhecendo". Ou seja, é uma oração para todos nós, porque, independente da idade, estamos sempre envelhecendo. Assim diz o texto:

Senhor, tu sabes que estou envelhecendo. Ajuda-me a pensar que não sou uma peça imprestável no movimento da vida. Reconheço que não tenho mais as mesmas capacidades físicas que me animaram a juventude, nem os mesmos reflexos e disposição. Contudo, auxilia-me a não desanimar e, muito menos, pedir aposentadoria indevida das lides do mundo. Não me deixes emurchecer, como flor queimada pelo sol. Não permitas que eu tenha a ideia fixa de falar de mim o tempo todo. Impede-me de repetir detalhes infindáveis. Dá-me rapidez para que eu seja objetivo.

Fecha a minha boca quando eu estiver propenso a falar de minhas dores e de meus sofrimentos. Eles estão aumentando com o passar dos anos, e meu desejo de falar deles aumenta a cada dia. Ensina-me a dialogar, sem me fazer excessivamente falador, a fim de não causar indisposição nos demais. Não me permitas conhecer limitações desnecessárias. Coloca as minhas mãos no trabalho a fim de que eu elabore ainda criações no campo da música, da pintura, da jardinagem, da cerâmica, da escrita. Ensina-me a melhor ocupação para o tempo que disponho. Um tempo que, desde os dias da juventude, reclamava não ter. Permita que eu me levante, a cada dia, disposto a aprender alguma coisa mais. Pode ser uma forma diferente de usar o pincel, uma breve poesia, um ensinamento, uma receita surpreendente. Desejo ser jovial, sem parecer tolo e imprudente. Torna-me solícito, mas não abelhudo. Prestativo, mas não dominador. Desejo ser um avô que possa contribuir com a educação dos meus netos e não os deseducar, com a única finalidade de que apreciem sair comigo nas tardes de primavera. Ensina-me, ainda, a gloriosa lição de que, às vezes, posso estar errado. Aprendi muito, guardo experiências preciosas, mas não tenho o direito de desprezar os avanços da modernidade e da ciência. Depois de ter adquirido uma enorme bagagem de sabedoria e experiência, parece uma pena eu não poder usá-la totalmente sem criar embaraços aos demais. Se a dependência física se tornar necessária, ajude-me, Deus, a ter paciência comigo mesmo, suportando o corpo que tanto me serviu até aqui. Com ele, eu dancei, cantei, viajei, vivi doçuras, momentos bons e maus. Auxilia-me a continuar a amá-lo. Que assim seja!

14. Desejo de eternidade: recurso para facear a morte

"Morrer é quase nada, horrível é não viver."

Victor Hugo

O medo da morte é um dos maiores medos, por isso nascemos com dispositivos genéticos para lutar contra ela, ou, pelo menos, contra o medo dela. Essa característica não é apenas dos seres humanos, mas de todo ser vivo. Até uma planta ou um inseto, quando agredidos, maltratados, lutam para se recompor e voltar à vida. Tudo o que fazemos é para amortizar o impacto da morte.

Portanto, se a morte é o que mais assusta o ser humano, o desejo de eternidade é um recurso para driblar uma das formas de morte, o esquecimento. O medo da morte se explica pelo medo de ser esquecido. Imaginar que um dia ninguém mais vai se lembrar de nós é mais doloroso do que o fato de morrer. Por isso, tudo o que fazemos, o que construímos, as causas pelas quais lutamos e os sonhos que temos são meios ou recursos para que um dia não sejamos esquecidos. Desejamos nos eternizar nas obras e ações que fazemos. Construir uma casa, plantar uma árvore, gerar um filho, escrever um livro são súplicas de imortalidade. Os que, posteriormente, tiverem contato com tais obras, de uma forma ou de outra, estão revivendo quem a executou. Quando lemos um livro, estamos prolongando a existência do seu autor. Quando contemplamos uma pintura, revelamos o artista que ela oculta. Quando sentamos na sombra de uma árvore, de alguma forma somos acolhidos e afagados pelas mãos daquele que a plantou, mesmo que a nossa memória não registre o semblante do jardineiro.

Cada pessoa guarda o gene de seus ancestrais, que se eternizam a cada geração. Assim, cada pessoa, cada criatura faz memória de seu criador, e ele viverá nessa lembrança. É desse modo que cada filho gerado é a concretização de um desejo de eternidade. Essa talvez seja a maneira mais evidente de se eternizar. Muitos que não geram filhos sofrem por ver sua vida fenecendo sem deixar uma semente que prolongará sua existência. Como afirmam as Sagradas Escrituras: "os filhos são a realização dos pais". É mais ainda a realização dos avós e de todos que fazem parte da árvore genealógica. Enfim, é a geração daquela estirpe que vai se eternizando.

Na história bíblica, quem não gerava filhos era tido como amaldiçoado por Deus, era um sinal de punição divina: *maldito o ventre que nunca gerou filhos*. As pessoas estéreis eram mal vistas pela comunidade. Foi o que ocorreu com Abraão e Sara e com Isabel e Zacarias. Ambos foram, depois, agraciados por Deus, gerando filhos que fizeram a diferença na história de Israel. Se por um lado a esterilidade era sinal de castigo, por outro, ter muitos filhos era sinal de bênção. Esse foi o maior prêmio prometido por Deus a Abraão: terra e descendência. Foi também o prêmio dado a Isabel e Zacarias: "tua esposa, Isabel, vai ter um filho, e tu lhe darás o nome de João. Tu ficarás alegre e feliz, e muita gente se alegrará com o nascimento do menino, porque ele vai ser grande diante do Senhor" (Lc. 1: 12-15).

Há pessoas que se eternizaram através dos bons filhos que geraram, como também pelas boas obras que realizaram, ou ainda, pelas nobres causas que abraçam e também pela vida consumida em prol da vida de outros. Os santos, os mártires e os que fizeram grandes feitos, como Gandhi, Madre Teresa de Calcutá, Martin Luther King e tantos outros menos visíveis, porém, de alguma forma lembrados, continuam vivos pelas coisas boas que fizeram. Entretanto, há os que se *eternizaram* pelas coisas abomináveis que cometeram, como Adolf Hitler, Mussolini e tantos tiranos que deixaram suas marcas na história com sangue de outros, por isso jamais serão esquecidos. Temos, assim, duas faces da eternidade: o céu e o inferno. Ambos são tidos como eternidade, e, no entanto, se apresentam de formas bem distintas.

Assim, a vida é feita de opostos, de dualidades que se contrapõem, cujo objetivo é eternizar. São esses opostos que dão significado tanto para a vida quanto para a morte. Que seria de uma pintura sem o contraste de luz e sombra? Que seria da noite se não houvesse o dia, e que seria do dia se não houvesse a noite? Ambos se tornariam uma espécie de eternidade infernal se não fossem seus opostos. A noite é linda porque sabemos que logo raiará o dia, e o dia tem a sua beleza ímpar porque sabemos que em breve a noite o envolverá.

A canção "Certas coisas", de Lulu Santos, expressa bem a complementaridade desse contraste: "Não existiria som se não houvesse o silêncio. Não haveria luz se não fosse a escuridão. A vida é mesmo assim, dia e noite, não e sim. Cada voz que canta o amor não diz tudo que quer dizer. Tudo que cala fala mais alto ao coração. Silenciosamente, eu te falo com paixão. Eu te amo calado, como quem ouve uma sinfonia, de silêncio e de luz. Nós somos medo e desejo, somos feitos de silêncio e som. Tem certas coisas que eu não sei dizer. A vida é mesmo assim, dia e noite, não e sim". Enfim, que seria do céu sem a oposição do inferno, e o que seria de Deus sem a existência do diabo? Um necessita do outro para justificar sua existência. Nenhuma religião existiria se não existissem esses opostos.

Tudo isso mostra que a vida insiste em viver porque a morte é uma realidade. É a certeza da morte que dá beleza e sentido à vida. Então, como lidar com o medo da morte? Algumas estratégias já foram apontadas acima, outras, mais teóricas, trataremos a seguir. O fato é que a morte é a única certeza absoluta que temos e é em função dela que vivemos. Mais cedo ou mais tarde ela virá. Às vezes, com um anúncio prévio, através de uma enfermidade ou, bruscamente, num acidente ou parada cardíaca. Não importa a forma, o que se sabe é que ela virá um dia. Por isso, devemos viver cada dia como se fosse o último, no sentido de aproveitar cada momento para viver bem e fazer coisas boas. Nunca devemos esquecer que viver já é um morrer constantemente. Cada dia que passa é um dia a menos que temos em nossa vida, por isso devemos aproveitá-lo fazendo bem todas as coisas e fazendo o bem a todos. Quem faz o bem prolonga sua vida, não por recompensa de Deus, mas porque as boas ações fazem bem ao coração.

Existem pesquisas que apontam que, quem faz algum trabalho voluntário tem melhor saúde e probabilidade de uma vida mais longa. Portanto, existem recursos para aproveitar a vida que se esvai a cada instante e um deles é ajudar os outros gratuitamente. Vejamos uma fábula que ilustra bem essa realidade que estamos descrevendo.

Um monge foi visitado pelo anjo da morte; tinha chegado a sua hora. Mas ele argumentou com o anjo:

– Tem que ser agora? Estou cuidando da horta da comunidade. Se eu for embora agora, o que os irmãos vão comer?

O anjo, então, resolveu deixar a missão para outra hora.

Dias depois voltou, e o monge estava cuidando das crianças da comunidade. De novo houve uma negociação e o anjo adiou a morte para outro momento. Voltou uma terceira vez, um mês depois, e encontrou o monge tratando carinhosamente de um doente grave. Dessa vez nem se falaram: o monge só fez um gesto, mostrando a situação... e o anjo foi embora. Anos se passaram, o monge continuou seus trabalhos, foi ficando velho e fraco e desejou morrer. Um dia o anjo apareceu e ele se alegrou, e disse:

– Que alívio! Pensei que estava zangado com meus pedidos de adiamento e não me levaria para a vida eterna junto de Deus.

O anjo sorriu e respondeu:

– Eu só vou completar o final do caminho. Você já estava entrando na vida eterna quando servia a seus irmãos (PEREIRA, 2004, p. 39).

Essa parábola mostra que quando levamos uma vida de doação ao próximo, o encontro com a morte se torna algo tão natural que, quando ele chega, nem o percebemos. Aqueles que vivem uma vida em prol do bem não sentem medo da morte, pelo contrário, a veem como um complemento ou extensão da vida. É assim a vida daqueles que abraçam uma causa, têm um ideal, acreditam e buscam um mundo melhor. Os mártires se enquadram nessa categoria. Eles enfrentam a morte porque acreditam num ideal que ultrapassa os limites da existência. É uma forma radical de manifestação do desejo de imortalidade. No catolicismo, eles são elevados aos altares sem necessitar da submissão de sua vida ao processo de canonização. No islamismo, eles são tidos como heróis e se perpetuam no imaginário religioso pelo seu ato de coragem. Clifford Geertz (2004, p. 9), na sua obra *Observando o Islã*, aponta, não de forma linear, porém indireta, essas características culturais do islamismo, demonstrando a complexidade de um sistema religioso que, com diferentes manifestações, sobretudo, com a convicção de ideais, lidam com a vida, colocando-a nas fronteiras da morte em prol de ideais.

Vemos, desse modo, que as religiões têm vários recursos e diferentes modos de lidar com a morte. Alguns destes modos estão em teorias como a crença na imortalidade figurada em duas das mais conhecidas teorias, como a ressurreição e a reencarnação. Daria para fazer uma longa digressão acerca desses dois temas, com recursos da teologia e de outras ciências, porém não é esse o nosso objetivo. Apenas aludimos a elas porque a religião, independente de qual seja, é um recurso eficaz e talvez o único que conforta ou fortalece o indivíduo para facear o implacável fenecimento da vida. Desse modo, a religião existe como um mecanismo para lidar com a morte. Essa talvez seja uma das suas mais importantes funções, já que a morte pertence ao campo do sagrado.

Faço aqui uma referência ao pensamento de Fiodor Dostoiévski (2003, p. 34) sobre a existência religiosa e aquilo que a ela se opõe, o ateísmo. Em várias de suas obras, ele manifesta um certo fascínio por um tipo de personagem voltado ao ateísmo, chamado de *homem-ideia*. O homem-ideia é aquele que vive de acordo com suas próprias regras, indiferente ao sofrimento que suas ações possam provocar. Pouco antes de morrer, Dostoiévski voltou novamente a esse personagem, pois o entendia como a encarnação maléfica das pulsões modernas, figuradas não apenas no ateísmo, como também no liberalismo, no socialismo e no niilismo, que ameaçavam a Rússia ortodoxa. Desta vez, esse personagem ressurge nos *Irmãos Karamázov* (1879), mais especificamente, na figura do filho mais velho de Karamázov, Ivan. O pai, um incorrigível libertino, terminou assassinado por um servo. Seu filho bastardo, chamado Smerdiakov, confessa a Ivan que o que motivou para o crime foi um artigo que soube ter ele escrito, no qual defendia a ideia de que *se Deus não existe, tudo é permitido*.

Dostoiévski, ao dizer que *se Deus não existe tudo seria permitido*, desbanca todas as religiões, ao mesmo tempo em que desmonta a ideia de eternidade. Portanto, se a eternidade, na qual recebemos as recompensas de nossos atos, não existe, tudo é permitido. Parece paradoxal tal afirmação, porque a morte é o oposto da eternidade, mas para crer na eternidade é preciso crer na morte, porque, para obter a eternidade, é preciso passar pela morte. É a justificativa dos opostos que vimos acima. Só é possível a eternidade se aquilo que não é eterno morrer. Desse modo, a morte não é vista como morte, mas apenas como passagem, porque se a morte for vista como morte, no seu sentido literal, ela desautoriza a vida e desqualifica a ação de Deus. Assim, Deus deixa de ser Deus porque não tem poder sobre a morte.

Por isso, o termo cristão *páscoa*, que significa, exatamente, passagem. A morte, quando vista como morte, no seu sentido literal, do fim último da existência, provoca pânico, temor, porque não nascemos para morrer, embora a morte seja uma realidade. Vista por esse ângulo, a morte é uma fatalidade. Ninguém quer a morte por mais que se desiluda da vida.

Vejamos o exemplo do suicídio. Por mais que ele pareça ser uma expressão do desejo de morrer, é o contrário disso que ele expõe. O suicídio é um dos mais contundentes pedidos de socorro de alguém que quer viver e procura chamar atenção para a sua vida atentando contra ela. Durkheim e Marx, cada um à sua maneira, fizeram grandes tratados sobre esse tema e a conclusão foi a mesma.

Durkheim, em sua obra *O suicídio*, fala, entre outras coisas, da função profilática da religião sobre o suicídio. Neste aspecto, sintetiza a questão da seguinte maneira: "a influência benfazeja da religião não se deve, pois, à natureza específica das concepções religiosas. Se ela protege o homem contra o desejo de se destruir, não é porque lhe pregue, com argumentos peculiares, o respeito por sua pessoa, mas porque é uma sociedade". Explica, também, que "o que constitui essa sociedade é a existência de certo número de crenças e de práticas comuns a todos os fiéis, crenças que são tradicionais e, por conseguinte, obrigatórias" (DURKHEIM, 1982, p. 129). O suicídio não é o desejo de morrer, mas, sim, o extremado desejo de viver, assim como é também manifestação do desejo de viver os atos praticados pelos *homens-bombas*. Estes últimos não pensam na morte, mas na defesa de uma causa que os reviverá na lembrança daqueles que lhes confiaram tal missão.

Para o jovem Marx, o suicídio, segundo o jornalista Carlos Pompe, deve ser considerado um sintoma da organização deficiente de nossa sociedade, pois, na época da paralisação e das crises da indústria, em temporadas de encarecimento dos meios de vida e de invernos rigorosos, esse sintoma é sempre mais evidente e assume um caráter epidêmico. A prostituição e o latrocínio aumentam, então, na mesma proporção. Embora a miséria seja a maior causa do suicídio, encontramo-lo em todas as classes, tanto entre os ricos ociosos como entre os artistas e os políticos. A diversidade das suas causas parece escapar à censura uniforme e insensível dos moralistas. Marx relaciona ainda outras várias motivações para os suicidas, como falsas amizades, acessos de desânimo, sofrimentos familiares, etc. Cita também os *amores traídos*. Foi o que levou sua filha, Eleanor, em 31 de março de 1898 (Karl morreu em 1883), a cometer suicídio, aos 43 anos, após descobrir que seu companheiro, Edward Aveling, havia se casado secretamente, meses antes, com uma atriz bem mais jovem. Ela fez um pacto de morte com Edward – ele mudou de ideia, após ela ter tomado ácido cianídrico (há quem suspeite que ele, na verdade, assassinou-a). Eleanor deixou um derradeiro bilhete para Edward: "Minha última palavra para você é a mesma que eu tenho dito durante todos estes longos, loucos anos – amor". Karl Marx cita ainda as doenças debilitantes, contra as quais a atual ciência é inócua e insuficiente como indutoras de suicídio. Em novembro de 1911, outra filha sua, Laura, suicidou-se, aos 66 anos, junto com o marido, Paul Lafargue. Coube a ele escrever a mensagem final do casal: "são de corpo e espírito, dou-me a morte antes que a implacável velhice, que me tirou um após outro os prazeres e gozos da existência, e me despojou de minhas forças físicas e intelectuais, paralise minha energia e acabe com minha vontade, convertendo-me em uma carga para mim mesmo e para os demais. Desde há alguns anos me comprometi a não ultrapassar os setenta anos; fixei à época o ano para minha marcha desta vida e preparei o modo de executar minha decisão: uma injeção hipodérmica de ácido cianídrico. Morro com a suprema alegria de ter a certeza de que brevemente triunfará a causa a que me entreguei desde há quarenta e cinco anos" (MARX, 2006, p. 35).

Certa vez, via *internet,* recebi um comovente texto, escrito por um jovem que se suicidou. Nesse texto, o jovem desabafava acerca de um dos maiores sofrimentos humanos: o esquecimento. Dizia ele que o maior sofrimento da vida não é morrer, mas ser ignorado. Perder a pessoa amada, porque, para ela, você não importava muito. Ter alguém muito querido organizando uma festa e ninguém lhe falar a respeito. Quando a pessoa favorita para você, nesta Terra, o esquece no Natal. Conhecer pessoas para as quais você não tem a mínima importância. O sofrimento maior é ser esquecido. Ser deixado de lado no sucesso de quem você gosta tanto. Não receber telefonemas dos amigos nem para um simples "olá". Compartilhando dos seus mais íntimos sentimentos, você recebe risadas de volta. Todos estão muito ocupados quando você precisa tanto levantar o astral. O único que se preocupa com você é você mesmo.

Cada um de nós tem um papel importante no espetáculo da vida! Cada um de nós tem um dever com a humanidade: dizer aos amigos que os ama! Se você não se preocupa com seus amigos, não será castigado, simplesmente será esquecido, ignorado, assim como faz com os outros. O abandono, o esquecimento é uma das maiores causas do sofrimento humano. Quantos, em todas as idades, são ignorados e, com isso, fazem a morte chegar antes da hora, ou, como sugere Jean Baudrillard, fazem a morte começar antes da morte. Isso nos leva a refletir sobre a morte, na perspectiva desse importante pensador contemporâneo.

Segundo Baudrillard (1996, p. 215), a maioria das culturas diz "que a morte começa antes da morte, que a vida dura depois da vida, que é impossível distinguir a vida da morte", de tão amalgamadas que elas estão. A nossa cultura não concebe a morte como um processo ou como uma completude da vida, mas a considera como inimiga da vida, como algo a ser temido e ocultado a qualquer preço. Na realidade, o que ocorre com essas duas realidades, aparentemente opostas, é que elas estão lado a lado e devem ser encaradas com naturalidade, embora nossa cultura, dita *moderna*, faça dicotomias precisas entre as fronteiras da vida e da morte. Vida e morte devem ser vistas como faces de uma mesma existência. A morte só existe porque existe vida, e a vida só ganhará um significado especial se for vista sob a perspectiva da morte. Seria extremamente desgastante e desagradável uma vida que não tivesse fim. A vida é bela porque é finita. Tudo que tem um fim é bom e, por isso, a vida é tão boa. As coisas são belas porque têm um fim. Elas não chegam a cansar nossos sentimentos. Geralmente, as flores mais belas são as que têm menor durabilidade. Uma flor artificial, por mais perfeita que seja sua aparência, logo cansará nosso olhar e se tornará desagradável porque é morta. Um pôr de sol é belo porque é efêmero. Todos os momentos de prazeres o são exatamente porque são finitos. Alguns chegam a durar alguns segundos e, esses, talvez, sejam os mais intensos. Uma festa é agradável, divertida, prazerosa porque tem um tempo para começar e um tempo para terminar. É assim com uma refeição, com um beijo, com uma viagem e com uma música. Já imaginaram uma música sem fim? Por mais bela que fosse se transformaria num instrumento de tortura. Com a vida é a mesma coisa. O fato de saber que a morte existe deixa a vida com um gosto especial.

Para Baudrillard, "a morte não é o vencimento de um prazo; é uma nuança da vida – ou ainda, a vida é uma nuança da morte" (BAUDRILLARD, 1996, p. 215). A concepção moderna não vê dessa forma, mas, sim, como o funcionamento de uma máquina. De acordo com Baudrillard, nessa visão mecanicista, "uma máquina funciona ou não funciona. Assim, a máquina biológica está morta ou viva" (*idem*). De fato, o que se sabe, segundo a biologia, é "que começamos a morrer tão logo nascemos" e é isso que torna a vida encantada. O desencantamento do mundo não é não ter perspectiva da vida, mas é não ter perspectiva da morte. Cada dia vivido é um dia a menos para viver, num processo de contagem regressiva para a morte definitiva que consumirá a vida. Essa visão pode ser um tanto quanto evolucionista e funcional, porém, não deixa de ser um recurso eficaz para facear a morte, a qual deve ser vista como o fim dessa vida, porque, de fato, ela é. Se existe vida depois da morte é uma questão teológica e, mesmo que exista, ela não será a mesma. Depois que morrermos não voltaremos mais para viver essa mesma vida. Se existir a possibilidade de um retorno, como pregam algumas doutrinas, esse retorno não será para viver a mesma vida. Se assim fosse, não teria sentido morrermos. Somos, portanto, seres únicos e ocasionais e devemos viver a unicidade de cada momento de uma vida igualmente única. Como fazer isso? Simples! Vivendo cada dia como se ele fosse o último, como sugere a canção "Construção", de Chico Buarque.

Lembramos as reflexões sobre a morte de Rubem Alves quando diz que "a proximidade da morte ilumina a vida. Aqueles que contemplam a morte nos olhos veem melhor, porque ela tem o poder de apagar do cenário tudo aquilo que não é essencial" (ALVES, 2000, p. 8). Quando vislumbramos a morte, a vida ganha um sabor tão especial que os pequenos gestos se transformam nos maiores e melhores acontecimentos nunca antes vividos. Ao saber da iminência irredutível da morte, tudo é permitido. Como o caso do velhinho, citado por Rubem Alves, que, no leito de morte, disse à filha: "filha, quero comer um pastel de carne". "Mas papai", ela argumentou, "fritura tem colesterol, faz mal". Rubem Alves conclui: "ela não sabia que aqueles que vão morrer estão além do que faz bem e do que faz mal. Eles têm permissão para tudo" (ALVES, 2000, p. 37).

Que pena que a vida só é vista por esse viés no limiar da morte! Que bom seria se, sempre, víssemos, independente do tempo e da idade, a essencialidade das coisas. Talvez por isso a vida ganha novos contornos quando se está diante da morte. Como acontece com doentes terminais que, estando inconscientes, recobram de repente a consciência, falam com os parentes, dão recomendações, manifestam sentimentos e depois morrem. A princípio, os que estão à sua volta ficam felizes, pensam que haverá recuperação e não querem falar sobre a morte. Eles não sabem que "um dos grandes sofrimentos dos que estão morrendo é perceber que não há ninguém que os acompanha até a beira do abismo. Eles falam sobre a morte, mas os outros logo ficam sem graça, não sabem o que dizer e desconversam" (ALVES, 2000, p. 29). Assim, o moribundo morre só, cercado por pessoas, mas sem poder falar da coisa mais importante de sua vida, a morte.Vejamos a morte como o coroamento da vida e não tenhamos medo de falar sobre ela. Quando damos nome aos monstros, verbalizando-os, eles deixam de ser assustadores, perdendo sua força misteriosa. Isso serve para todas as coisas que nos assustam.

Enfim, chega um momento na vida em que é hora de içar as velas de nosso barco, soltar as âncoras e deixá-lo partir na imensidão de um mar desconhecido. Ver a morte não como um fim, mas como o início de uma nova viagem. Nesse momento, se tivermos vivido bem, olharemos para o passado e teremos a certeza da missão cumprida. Não fica mágoa nem remorso, apenas um sentimento de leveza por termos feito bem todas as coisas. Como o soldado que luta com coragem e afinco em nome de uma boa causa e, ao término, mesmo ferido, tem a certeza de que *combateu o bom combate*. Ou como o atleta que corre no estádio. Ao final, vencedor, diz "terminei minha corrida, receberei o troféu ou a medalha de vencedor". Nosso maior troféu será o sentimento de paz e a certeza de que fizemos as coisas como deveriam ter sido feitas. Assim, como o soldado ou o atleta, receberemos a coroa da justiça e da paz que é símbolo da imortalidade, concretização do nosso desejo de eternidade.

Conclusão

Almejei, de uma maneira otimista, escrever um livro que fosse simples, mas que levasse as pessoas a refletirem, de maneira profunda, sobre a sua própria existência, sobre a vida e suas ações e, a partir delas, provocasse mudanças que resultassem na transformação, não apenas pessoal, mas também da realidade social. Quando percebi, estava a abordar temas que, como dizia Bachelard (2003, p. 238), "estão carregados de uma filosofia implícita", como, por exemplo, a vida e a morte e tudo aquilo que entremeia a existência no decurso da sua duração. Não obstante a profundidade e a aridez de cada um dos temas existenciais abordados, tive que indicá-los brevemente, porque não era o objetivo deste livro ser um tratado de filosofia. Desse modo, à medida que os assuntos foram colocados, tratamos, como sugere Bachelard, de *desfilosofá-los*, afastando a reflexão de conceitos abstratos que pudessem dificultar o entendimento. Assim, em muitos momentos, o que parecia ser uma reflexão filosófica acabou por se transformar em sugestões de autoajuda. Aos poucos, buscamos transformar os acontecimentos do cotidiano em uma teoria do autoconhecimento, com o intuito de ajudar a viver melhor o tempo da vida que nos resta, eternizando-a nas nossas ações concretas em prol do meio ambiente e do meio social.

Assim sendo, busquei dar a esse conjunto de textos uma sequência lógica, tratando de enfocar cada etapa da vida, do nascer ao morrer, ou, poeticamente falando, do nascer ao pôr do sol, com uma referência pertinente. Para isso, recorri a diversos pensadores, antigos e contemporâneos, sem, contudo, sair da realidade daquilo que vivemos no cotidiano, transformando a sabedoria erudita numa sequência de elementos que ajudassem a conhecer melhor as coisas e acontecimentos que nos acercam. O intuito de fazer desse livro um manual de reflexão que fosse ao mesmo tempo acessível e filosófico consiste no fato de que a filosofia, como sentenciou Bachelard (2003, p. 239), "amadurece-nos com muita rapidez e nos cristaliza num estado de maturidade". A maturidade, como vimos, é o ponto alto da vida, e ela pode ser atingida em qualquer fase, desde que saibamos reconhecê-la no momento que estamos vivendo. Ela, a maturidade, não significa velhice e, sim, equilíbrio e lucidez. Ter maturidade é saber vivenciar a constante mutabilidade da vida e das coisas, sem, contudo, sucumbir a essas mudanças. Nisso também Bachelard (2003, p. 239) contribuiu ao questionar "como, então, sem se 'desfilosofar', esperar viver os abalos que o ser recebe das imagens novas, das imagens que são sempre fenômenos da juventude do ser?".

Vimos como lidar com uma sociedade ou cultura que insiste em eternizar a juventude como se essa fosse a única fase boa da vida, desmerecendo outras tão importantes, como a maturidade ou terceira idade, como muitos insistem em chamar essa fase de condensação de sabedoria. Não se imagina o quanto a maturidade é significativa e enriquecedora. Diz Bachelard (2003, p. 239) que, "quando se está na idade de imaginar, não se sabe dizer como e por que se imagina". Foi isso que percebemos quando abordamos algumas fases como, por exemplo, a adolescência e a juventude. Às vezes, passa-se por elas de forma tão superficial, sem pensar ou imaginar que, "quando se pode dizer como se imagina, já não se imagina". Quando se imagina é porque já não se está mais vivendo essa fase. Então, para retomá-la é preciso retornar ao passado, mesmo que só na imaginação, como vimos na comparação do *mito da caverna*. Segundo Bachelard, é preciso *desamadurecer* de novo para depois voltar a amadurecer. Vimos que o mundo das ideias dos que atingiram a idade da razão passa a ser um *mundo imaginal*, como sugere Michel Maffesolli (1995, p. 89). É um mundo ideal, que passou, que está somente na lembrança.

O que se buscou nesse livro foi apontar temas do processo existencial da condição humana, interrogando o cotidiano naquilo que ele tem de elementar, os ciclos da vida, e, com isso, circunscrever suas formas, seu estilo, suas regras e princípios que norteiam a existência. Norman Couisins expressa bem o que tratamos até aqui sobre a longanimidade e a longevidade da vida, ao falar sobre o tempo. Afirma ele: "dizem que a vida é curta, mas não é verdade. A vida é longa para quem consegue viver pequenas felicidades. E essa tal felicidade anda por aí, disfarçada, como uma criança traquina brincando de esconde-esconde". Infelizmente, às vezes não percebemos isso e passamos nossa existência colecionando "nãos": a viagem que não fizemos, o presente que não demos, a festa que não fomos, o amor que não vivemos, o perfume que não sentimos.

A vida é mais emocionante quando se é ator e não espectador; quando se é piloto e não passageiro, pássaro e não paisagem, cavaleiro e não montaria. E como ela é feita de instantes, não pode nem deve ser medida em anos ou meses, mas em minutos e segundos. Esta mensagem é um tributo ao tempo. Tanto àquele tempo que você soube aproveitar no passado quanto àquele tempo que você não vai desperdiçar no futuro. Porque a vida é agora. Não tenha medo do futuro, apenas lute e se esforce ao máximo para que ele seja do jeito que você sempre desejou. A morte não é a maior perda da vida. A maior perda da vida é o que morre dentro de nós enquanto vivemos.

Vimos, contudo, que a vida funciona como um bumerangue e que nos oferece aquilo que a ela propomos. Quando nos empenhamos nas boas coisas, temos grandes probabilidades de obter coisas boas. Albert Einstein dizia que a vida é como jogar uma bola na parede. Se for jogada uma bola azul, ela voltará azul. Se for jogada uma bola verde, ela voltará verde. Se a bola for jogada de um modo fraco, ela voltará de um modo fraco. Se a bola for jogada com força, ela voltará com força. Por isso, nunca "jogue uma bola na vida", de uma forma que você não esteja pronto para recebê-la. A vida não dá nem empresta; não se comove nem se apieda. Tudo quanto ela faz é retribuir e transferir aquilo que nós lhe oferecemos. Nisso também consiste a sabedoria bíblica que diz: "saibam de uma coisa: quem semeia com mesquinhez, com mesquinhez há de colher; quem semeia com generosidade, com generosidade há de colher" (2 Cor. 9: 6). O que nunca podemos esperar da vida é colher aquilo que não plantamos. Mesmo quando semeamos, corremos o risco de colher fracassos, mas isso não quer dizer que sempre teremos fracassos. O fracasso consiste nos erros, nos acidentes, nos imprevistos, naquilo que todos estamos sujeitos no decurso da vida. Temos que ter sempre em mente que fracasso não significa que somos fracassados. Significa que não tivemos um grande êxito. Quando vemos desse modo os resultados de nossos empreendimentos, não desistimos diante do primeiro obstáculo ou do primeiro insucesso. É bom pensar, quando isso ocorre, que fracasso não significa que não conseguimos nada. Significa que aprendemos algo. Aqueles que buscam aprender com seus próprios erros são pessoas que aprenderam a aprender. Aprenderam a jogar o jogo da vida. É como nas competições: se desistirmos nas primeiras derrotas, nunca chegaremos à final de uma partida ou de um campeonato.

Portanto, fracasso não significa que agimos néscios. Significa que tivemos muita fé. Vimos, anteriormente, nos capítulos que tratam da contemplação e da oração, que as pessoas que meditam e têm uma vida de oração, de fé, têm muito mais resistência para vencer, e os fracassos não lhes são empecilhos para continuar lutando. Assim sendo, fracasso não significa que sofremos descrédito. Significa que estivemos dispostos a provar. Todo competidor prova, em algum momento, o fracasso. Até mesmo aqueles que se sagram campeões viveram momentos de derrotas. O pior fracasso é quando desacreditamos de nós mesmos e entramos na competição com sentimento de inferioridade. À vista disso, fracasso não significa falta de capacidade. Significa que devemos fazer as coisas de maneira diferente. Ele é um indicador para mudarmos a tática quando estamos no jogo. Um técnico de futebol que não faz alterações no time diante dos fracassos está sujeito a perder outras vezes mais. Fracasso não significa que somos inferiores. Significa que não somos perfeitos. A vida é uma constante busca de perfeição e, no processo dessa busca, as falhas, os erros e o fracasso são partes integrantes e não nos devem desestimular. Quem se sente desmotivado diante do fracasso perde uma rica oportunidade de superá-lo. O que não podemos é, diante do fracasso, pensar que ele seja o fim. Fracasso não significa que perdemos nossa vida. Significa que temos boas razões para começar de novo.

Devemos estar sempre prontos a recomeçar, mesmo que estejamos na velhice. Recomeçar é sinal de esperança, e a esperança é o motor da nossa vida. Fracasso não significa que devemos desistir. Significa que temos que lutar com mais força. Fracasso não significa que jamais conseguiremos atingir nossas metas. Significa que demoraremos um pouco mais para alcançá-las. Fracasso não significa que Deus nos tenha abandonado. Significa que Deus tem uma ideia melhor!

Acredite na vida e naquilo que ela lhe propõe, seja na vitória ou na derrota, no sucesso ou no fracasso. Lembre-se sempre do que dizia Charles Chaplin: "se você tivesse acreditado na minha brincadeira de dizer a verdade, teria ouvido as verdades que insisti em dizer brincando. Falei, muitas vezes, como um palhaço, mas nunca desacreditei da seriedade da plateia que sorria". Assim é a vida: às vezes ela nos fala, brincando, de coisas muito sérias e, outras vezes, brinca conosco com tanta seriedade que pensamos ser esses acontecimentos a coisa mais importante do mundo. Quantas vezes levamos tão a sério coisas bobas e insignificantes que acontecem na nossa vida, e quantas vezes ignoramos coisas sérias, das quais dependem não apenas a nossa, mas também a vida da humanidade? O sucesso e o fracasso são apenas duas das infinitas formas da vida nos comunicar como andam as nossas ações. O que importa é estar atento e saber lidar com cada uma delas.

Bibliografia consultada

ALMEIDA, Alexandre Moreira. "De corpo e alma". *Folha de S. Paulo*, São Paulo, 3 de mai. 2007. Caderno Equilíbrio, p. 4-5. Entrevista concedida a Mariana Bergel.

ALVES, Rubem. *Reverência pela vida*. Campinas: Papirus: 2006.

______. *Um mundo num grão de areia: O ser humano e seu universo*. Campinas: Verus, 2002.

______. *Morte*. Campinas: Papirus, 2000.

ARISTÓTELES. *Ética a Nicômaco*. Trad. Leonel Vallandro e Gerd Bornheim. São Paulo: Abril Cultural, 1973 (Coleção Os Pensadores).

BACHELARD, Gaston. *A poética do espaço*. São Paulo: Martins Fontes, 2003.

______. *Chama de uma vela*. Rio de Janeiro: Bertrand Brasil, 1989.

BAUDRILLARD, Jean. *A troca simbólica e a morte*. São Paulo: Loyola, 1996.

BAUMAN, Zigmunt. *Comunidade: A busca por segurança no mundo atual*. Rio de Janeiro: Jorge Zahar, 2003.

BOFF, Leonardo. *Espiritualidade: Um caminho de transformação*. Rio de Janeiro: Sextante: 2001.

______. *A águia e a galinha: Uma metáfora da condição humana*. 2. ed. Petrópolis: Vozes, 1997.

BRANDÃO, Carlos Rodrigues; ALVES, Rubem. *Encantar o mundo pela palavra*. Campinas: Papirus, 2006.

CATALAN, Jean-François. *Depressão e vida espiritual.* 2. ed. São Paulo: Paulinas, 2001.

CHAUI, Marilena. *Convite à filosofia.* 13. ed. São Paulo: Ática, 2003.

CRB. *Leitura orante da Bíblia.* Vol. 1. São Paulo: Loyola, 1990 (Coleção Tua Palavra é vida).

CRUZ, São João. *A noite obscura.* Lisboa: Estampa, 1993.

DALGALARRONDO, Paulo. "De corpo e alma". *Folha de S. Paulo*, São Paulo, 3 de mai. 2007. Caderno Equilíbrio, p. 4-5. Entrevista concedida a Mariana Bergel.

DANTAS, R. O. *Otimismo em gotas.* 9. ed. São Paulo: Otimistas, 1977.

DARWIN, Charles. *A origem das espécies e a seleção natural.* 5. ed. São Paulo: Hemus, 2000.

DOSTOIÉVSKI, Fiódor. *Os irmãos Karamázov.* São Paulo: Martin Claret, 2003.

DURKHEIM, Émile. *As regras do método sociológico.* São Paulo: Martins Fontes, 2003.

______. *A evolução pedagógica.* Porto Alegre: Artmed, 1995.

______. *O suicídio: Um estudo sociológico.* Rio de Janeiro: Zahar, 1982.

ELIADE, Mircea. *Mefistófeles e o andrógino: Comportamentos religiosos e valores espirituais não-europeus.* São Paulo: Martins Fontes, 1999.

FRAZER, James George. *O ramo de ouro.* São Paulo: Círculo do Livro, 1978.

GALEANO, Eduardo. *As veias abertas da América Latina.* São Paulo: Paz e Terra, 1987.

GEERTZ, Clifford. *Observando o Islã.* Rio de Janeiro: Jorge Zahar, 2004.

GEERTZ, Clifford. *A interpretação das culturas*. Rio de Janeiro: LTC, 1989.

GIRARD, René. *La ruta antigua de los hombres perversos*. Barcelona: Anagrama, 1989.

HEIDEGGER, Martín. *El ser y el tiempo*. 7. ed. Trad. J. Gaos. Cidade do México/Madri/Buenos Aires: Fondo de Cultura Economica, 1989.

______. *Questions III*. Trad. A. Préau; R. Munier; J. Hervier. Paris: Gallimard, 1989.

HUMMES, Cláudio. *Sempre discípulos de Cristo: Retiro espiritual do Papa e da Cúria Romana*. São Paulo: Paulus, 2002.

HUNTER, James C. *O monge e o executivo: Uma história sobre a essência da liderança*. 6. ed. Rio de Janeiro: Sextante, 2004.

KIERKEGAARD, Sören. *Das profundezas: Preces*. São Paulo: Paulinas, 1990.

______. *Temor e tremor*. Trad. Maria José Marinho. São Paulo: Abril Cultural, 1979, p. 107-185 (Coleção Os Pensadores).

______. *O desespero humano: Doença até a morte*. Trad. Adolfo Casais Monteiro. São Paulo: Abril Cultural, 1979, p. 189-279 (Coleção Os Pensadores).

LEGRAND (org.). *Parábolas eternas: Reflexões para enriquecer a vida com sabedoria, alegria e emoção*. Belo Horizonte: Soler, 2004.

MACEDO, Cristian. "Religiosidade e prece". Dez. 2001. Disponível em: https://espirito.org.br/artigos/religiosidade-e-prece-3/. Acesso em: 24 abr. 2007.

MAFFESOLI, Michel. *A contemplação do mundo*. Porto Alegre: Artes e Ofícios, 1995.

MAQUIAVEL, Nicolau. *O príncipe*. São Paulo: Edipro, 2001.

MARX, Karl. *Sobre o suicídio*. São Paulo: Boitempo, 2006.

MARX, Karl; ENGELS, Friedrich. *Manifesto do Partido Comunista*. 9. ed. Petrópolis: Vozes, 1999.

MAUSS, Marcel. “As técnicas do corpo”. *Sociologia e antropologia*. São Paulo: Cosac & Naify, 2003.

______. “A prece”. *Ensaio de sociologia*. 2. ed. São Paulo: Perspectiva, 2001, p. 229-324.

______. *The gift: The form and reason for exchange in archaic societies*. Trad. W. D. Halls. Nova Iorque/Londres: W.W. Norton, 1990.

MEIRELES, Cecília. *Crônicas em geral*. Tomo 1. Rio de Janeiro: Nova Fronteira, 1998.

MORAIS, J. F. Regis de. *Tradução e estudo introdutório de 'Das profundezas. Preces', de Soeren Aabye Kierkegaard*. São Paulo: Paulinas, 1990, p. 5-24.

MURARO, Rose Marie; RAIMUNDO CINTRA, Frei. *As mais belas orações de todos os tempos*. São Paulo: Pensamento Cultrix, 2001.

NIETZSCHE, Friedrich. *Assim falava Zaratustra*. Lisboa: Guimarães, 1994.

PEREIRA, José Carlos. *Causos, Café, Filosofia*. São Paulo: Navegar, 2004.

______. *Espiritualidade da Paixão: Retiro de Castellazzo e o diário de São Paulo da Cruz*. São Paulo: Arte & Ciência, 2002.

PIERSON, Donald. *Teoria e pesquisa em sociologia*. São Paulo: Melhoramentos, 1962.

PLATÃO. *A república*. 2. ed. Lisboa: Caloustre Gulbenkian, 1993.

RILKE, Rainer Maria. *Sonetos a Orfeu: Elegias de Duíno*. Petrópolis: Vozes, 1989.

RINCÓN, Eduardo. “Biografia de Ludwing Van Beethoven”. *Ludwing Van Beethoven Royal Philharmonic Orchestra*, nº 25. São Paulo: Publifolha, 2006.

ROUSSEAU, Jean-Jacques. *Discurso sobre a origem e os fundamentos da desigualdade entre os homens*. São Paulo: Martin Claret, 2005.

RUSSERLL, Bertrand. *O poder: Uma nova análise social.* São Paulo: Companhia Editora Nacional, 1957.

SARTRE, Jean-Paul. *Entre quarto paredes*. Rio de Janeiro: Civilização Brasileira, 2005.

TRUEBA, Jesus Bringas (coord.). *Sementes do Verbo: Historinhas, reflexões e pensamentos*. Vols. III e IV. Bauru: Gráfica Líder, 2002-2003.

VEILLEUX, Armand. *L'Ecriture et les Pères: Révue d'Ascétique et de Mystique*. Paris: 47, 1995.

Esta obra foi composta em sistema CTcP
Capa: Supremo 250 g – Miolo: Pólen Soft 80 g
Impressão e acabamento
Gráfica e Editora Santuário